T0194545

essentials

essentials liefern aktuelles Wissen in konzentrierter Form. Die Essenz dessen, worauf es als „State-of-the-Art" in der gegenwärtigen Fachdiskussion oder in der Praxis ankommt. *essentials* informieren schnell, unkompliziert und verständlich

- als Einführung in ein aktuelles Thema aus Ihrem Fachgebiet
- als Einstieg in ein für Sie noch unbekanntes Themenfeld
- als Einblick, um zum Thema mitreden zu können

Die Bücher in elektronischer und gedruckter Form bringen das Expertenwissen von Springer-Fachautoren kompakt zur Darstellung. Sie sind besonders für die Nutzung als eBook auf Tablet-PCs, eBook-Readern und Smartphones geeignet. *essentials:* Wissensbausteine aus den Wirtschafts-, Sozial- und Geisteswissenschaften, aus Technik und Naturwissenschaften sowie aus Medizin, Psychologie und Gesundheitsberufen. Von renommierten Autoren aller Springer-Verlagsmarken.

Weitere Bände in der Reihe http://www.springer.com/series/13088

Michael Deeken · Tobias Fuchs

Agiles Management als Antwort auf die Herausforderungen der Digitalisierung

Praktische Erkenntnisse und Gestaltungshinweise für die Bankenbranche

Michael Deeken
Saarbrücken, Deutschland

Tobias Fuchs
Mannheim, Deutschland

ISSN 2197-6708   ISSN 2197-6716   (electronic)
essentials
ISBN 978-3-658-22705-0   ISBN 978-3-658-22706-7   (eBook)
https://doi.org/10.1007/978-3-658-22706-7

Die Deutsche Nationalbibliothek verzeichnet diese Publikation in der Deutschen Nationalbibliografie; detaillierte bibliografische Daten sind im Internet über http://dnb.d-nb.de abrufbar.

Springer Gabler

Gedruckt auf säurefreiem und chlorfrei gebleichtem Papier

Springer Gabler ist ein Imprint der eingetragenen Gesellschaft Springer Fachmedien Wiesbaden GmbH und ist ein Teil von Springer Nature
Die Anschrift der Gesellschaft ist: Abraham-Lincoln-Str. 46, 65189 Wiesbaden, Germany

Was Sie in diesem *essential* finden können

- Multiparadigmatische Zugänge zu den Begriffen Agilität und agiles Management.
- Überblick relevanter Herausforderungen der Bankenbranche aufgrund zunehmender Digitalisierung.
- Identifikation und Adaption geeigneter Theorien für die Bewältigung der aktuellen Herausforderungen.
- Überblick über Chancen aber zugleich auch bestehende Grenzen von agilen Management-Ansätzen.
- Empirische Erkenntnisse aus einer wissenschaftlichen Arbeit auf Basis von Experteninterviews.

We cannot solve our problems with the same thinking we used.[1]

(Albert Einstein)

---

[1]Connolly und Rianoshek (2002, S. 175).

Inhaltsverzeichnis

Abkürzungsverzeichnis

AG	Aktiengesellschaft
BMAS	Bundesministerium für Arbeit und Soziales
BMF	Bundesministerium der Finanzen
CDO	Chief Digital Officer
CEO	Chief Executive Officer
GPWID	Great Place to Work Institut Deutschland
PSD 2	Payment Services Directive 2
SMS	Short Message Service
VUCA	Volatility, Uncertainty, Complexity and Ambiguity

Abbildungsverzeichnis

Vorbemerkungen

Wenn die Dinge in der Gegenwart schon nicht mehr so funktionieren wie sie sollen, dann ist Furcht vor der Zukunft naheliegend. Das Zitat von Albert Einstein bringt es auf den Punkt: „Wir können unsere Probleme nicht mit den bisherigen Denkmustern lösen." Immer wieder stoßen Unternehmen an Ihre Grenzen – warum? Zumeist, weil ihr Ressourcenset limitiert ist. Sowohl materielle wie auch immaterielle Ressourcen sind die Voraussetzung, um Krisen oder auch nur Grenzsituationen so zu meistern, dass es danach wieder weitergeht. Dieses Vorgehen ist schon lange als „muddling through" bekannt, weil dieses Durchwursteln von inkrementellen Schritten geprägt ist und einen strategischen Ansatz zumeist vermissen lässt. In Zeiten hoher Wachstumsraten in einer Volkswirtschaft ist es aus psychologischer Sicht naheliegend, dass viele Unternehmen mit ihrem Vorgehen sehr zufrieden sind und notwendige Veränderungen eher ausblenden. Es ist offensichtlich schwierig, in Unternehmen einen ressourcenalimentierenden Aktivitätszustand aufrechtzuerhalten, der in Unternehmen permanent einen „Zukunftsradar" betreibt. Dieser Radar mag ein technisches Gerät sein, mag aber auch die Summe aller menschlichen Wahrnehmung der Mitarbeiter des jeweiligen Unternehmens sein. Mit dieser Vorstellung nähern wir uns einem Begriff, der zwar schon länger existiert, in der Managementlehre aber erst seit kurzem als Heuristik verwendet wird: Agilität. Eine abschließende Definition ist in der Betriebswirtschaftslehre bislang nicht bekannt. Am ehesten lässt sich der Begriff assoziieren über Vorstellungen aus der Tierwelt: einerseits mag man an ein Raubtier denken, welches immer unter Spannung ist, um zu jagen oder selbst vor Jägern zu fliehen. Andererseits mag man sich Ratten vorstellen, welche (potenzielle) Gefahren bzw. Veränderungen früh/schnell wahrnehmen und instinktiv neue Wege suchen. Außerdem ist aus Untersuchungen bekannt, dass Ratten in ihrer Spezies Gefahren weitermelden. Stirbt beispielsweise ein Tier an Gift oder

© Springer Fachmedien Wiesbaden GmbH, ein Teil von Springer Nature 2018   1
M. Deeken und T. Fuchs, *Agiles Management als Antwort*
auf die Herausforderungen der Digitalisierung, essentials,
https://doi.org/10.1007/978-3-658-22706-7_1

einer sonstigen Falle, wird dies von anderen Tieren an ihre Spezies weitergeleitet. Man spricht daher auch von einer vergleichsweise hohen Intelligenz innerhalb des Tierreichs.

Das hier vorliegende *essential* möchte die aufgezeigten Eigenschaften von Agilität in Verbindung bringen mit den Herausforderungen der Automatisierung bzw. der Digitalisierung. Im Zeitablauf der letzten zwei Dekaden standen zunächst Prozesse im Vordergrund, die menschliche Arbeit transformiert haben in automatisierte, teilweise von Robotern gesteuerte Vorgänge. Erst in den letzten Jahren wurde dieser Prozess überlagert von einer digitalen Querschnittstechnologie, die nahezu in allen Branchen massive, ja disruptive Veränderungen ausgelöst hat.

Besonders ausgeprägt sind digitalisierungsbedingte Veränderungsprozesse in Unternehmen, die ihre Dienstleistung zusätzlich zum stationären Vertrieb nun auch online anbieten und verkaufen wollen. Eine Branche, die hier Chancen wittert, ist die der Banken. In den Jahren 1990 fortfolgende hatten die Banken und Sparkassen die Kundenberatung quasi abgeschafft und durch standardisierten Produktverkauf ersetzt. Dies führte zu einer wohl kalkulierten Distanz gegenüber dem sog. Retailkunden. Den „wertigeren" Kunden wurden über spezialisiertere Einheiten, wie z. B. Private Banking, weiterhin eine Beratungsszene angeboten. Insbesondere die Retailkunden waren es aber, die das Distanzgeschäft nicht so recht akzeptieren wollten. In Folge kauften sie weniger Produkte oder wanderten gar ab zu einer Konkurrenzbank/-sparkasse. Es folgte bei den Banken eine große Kampagne zur Aufholjagd. Alle wollten den Retailkunden wieder haben – nun aber mit aller Macht der Digitalisierung. Mit ubiquitären Datenbanken zu allen Kunden und auch Interessenten versuchten die Banken und Sparkassen, den Kunden wieder näher zu kommen. Doch in der Zwischenzeit sind Filialen zusammengelegt bzw. geschlossen worden, die menschliche Nähe zur Bank ist für viele Kunden gekappt. Aber auch die Mitarbeiter wurden in Teilen entlassen oder „zwangsmutiert". Dies alles hat Veränderungen erfordert und hat Veränderungsgeschwindigkeiten deutlich erhöht. Zeitgleich sind die Erfolge der Banken und Sparkassen, nicht zuletzt auch durch die Nullzinspolitik, deutlich zusammengeschrumpft.

Wie lassen sich die dargestellten Herausforderungen meistern? Wir glauben, dass Agilität für und in Banken bzw. Sparkassen eine Antwort darstellen kann. Die entsprechenden Zusammenhänge werden in den folgenden Ausführungen dargestellt.

Analyse und Definition relevanter Begriffe

2

Im Folgenden wird die begriffliche Basis gebildet, welche zur Analyse der Problemstellung und zur Interpretation der Erkenntnisse notwendig ist. Dabei werden die Themen Agilität, Management, Leadership und Veränderungsprozesse kombiniert, um eine Definition für agiles Management herzuleiten. Eine Herleitung ist notwendig, da es bisher keine einheitliche Formulierung dieses Ausdrucks in der einschlägigen Literatur gibt.

2.1 Agilität

Der Begriff Agilität bedarf einer Differenzierung, da er einerseits eine allgemeine bzw. strategische Ausprägung aufweist sowie andererseits eine methodische Umsetzung beschreibt. „Der Begriff „agil" geht etymologisch auf das lateinische Wort „agilis" mit den Bedeutungen leichtbeweglich, beh[ä]nd, schnell, rasch zurück."[1] In Form des Substantivs wird der Zusammenhang zur Organisationslehre aufgebaut und somit der Schwerpunkt auf die Unternehmenssichtweise gestärkt. „Der Begriff Agilität bezeichnet innerhalb der Organisationslehre seit etwa 20 Jahren eine Form der flexiblen, schlanken, kundenorientierten Organisationsgestaltung. Erst seit den frühen 1990er Jahren sind zahlreiche Veröffentlichungen zu diesem Thema erschienen, eine anhaltende Tendenz, wie die Publikationen des aktuellen Jahres belegen."[2] Ergänzt um die Interpretation

---

[1]Leute (2014, S. 18).
[2]Förster et al. (2012, S. 1).

© Springer Fachmedien Wiesbaden GmbH, ein Teil von Springer Nature 2018
M. Deeken und T. Fuchs, *Agiles Management als Antwort auf die Herausforderungen der Digitalisierung*, essentials,
https://doi.org/10.1007/978-3-658-22706-7_2

lernender Organisationen in Verbindung mit neuen Technologien wird Agilität auch mit jungen und innovativen Unternehmen assoziiert. Eine Studie von Kristina Rimienė analysiert die Definition von mehreren Autoren aus ca. 20 Jahren und ermittelt daraus eine Beschreibung von Agilität, welche die zehn relevantesten Charakteristika vereint. „Agility is an ability of a company in a changing market environment profitably exploit market opportunities, quickly and flexibly respond to the customers' needs, and qualitatively, suffering minimum cost, satisfy them by using innovative solutions and partnership cooperation."[3] Eine Differenzierung des Begriffes der Agilität zwischen Rahmenbedingungen bzw. der Unternehmenskultur – strategische und visionäre Komponente – sowie der Methodik – operative Komponente – spielt in der Praxis eine wichtige Rolle.

Im Rahmen der allgemeinen Betrachtung ist Agilität so konnotiert, dass das Verständnis und das Mind-Set[4] für Agilität nicht nur auf der Managementebene festzustellen ist, sondern auch in die alltäglichen Entscheidungen sowie die Arbeitsweise integriert wird. So schafft das Management die mentale, visionäre und entsprechend strategische Voraussetzung, damit das Unternehmen auf agilen Prozessen basieren kann. Dabei ist wichtig, dass die Agilität dazu führt, dass agiles Management auf operativer Ebene nicht nur ein Etikett ist, sondern auch zum entsprechenden Erfolg führt, indem die Unterstützung und das Verständnis unternehmensweit und bis zur obersten Führungsetage verinnerlicht und vorgelebt wird. Bottom-Up ersetzt Top-Down Führung. Die Einführung dieses Paradigmenwechsels muss jedoch CEO getrieben sein. Edgar Schein beschreibt dies folgendermaßen: „Top-down always is the only way you can begin a cultural change."[5] Die operative Komponente ist darin determiniert, dass die methodische Ausprägung von Agilität im Fokus steht. „Individuals and interactions over processes and tools"[6] ist einer von vier Werten des agilen Manifests, welches als Initialwerk zur Verbreitung von Agilität in Unternehmen gilt. Dabei hat „[e]ine Gruppe von 17 Autoren, die ‚Agile Allianz‘, … mit der Veröffentlichung ihres Manifests

---

[3]Rimienė (2011, S. 895).

[4]Mind-Set ist die persönliche kognitive und mentale Einstellung zu einem bestimmten Themengebiet. Es definiert die Art und Weise, wie über etwas gedacht, welche Handlungen daraus generiert und welche Ziele verfolgt werden. Ein Mind-Set wird durch Informationen, Erfahrungen und größtenteils auch durch eigene Interessen beeinflusst (Vgl. Hruby und Hanke 2014, S. 3 ff.).

[5]Eberhardt und Majkovic (2015, S. 91).

[6]Beck et al. (2001a, o. S.).

ein Zeichen dafür gesetzt, dass Software-Entwicklung, die adaptive Funktionalität und Sinn stiftet, einen höheren Wert schafft als das rigide [B]efolgen hierarchisch-linearer Prozesse."[7] Auch im Rahmen von Experteninterviews wurde der Agilitätsgedanke im Zusammenhang mit der Scrum Entwicklungsmethode diskutiert. Als Ergebnis ist festzuhalten, dass die Werte dieser Methode ebenso auf Management-Grundsätze zu übertragen sind.

Die Erkenntnisse aus den Interviews[8] im Zusammenhang mit den Erfahrungen der Autoren zeigen, dass die hierarchieübergreifende Kommunikation sowie die Arbeit vor Ort im Team essenziell sind, um erfolgreich zu sein. Doch aufgrund der gelebten Machtdistanz, sowie der hierarchisch und autoritär geprägten Führungsstile, ist gerade im mittleren, also operativen Management, die Einübung bzw. Festigung der veränderten Prinzipien und somit der Anpassung des Mind-Sets notwendig. Diverse Kreditinstitute möchten sich in der nahen Zukunft als Technologie-Unternehmen zu verstehen wissen, wodurch eine strategische Wende angestoßen wird. Was dies bedeutet wird im Folgenden näher untersucht.

2.2 Disruptive Veränderungen als Chance der Digitalisierung

Im Zusammenhang mit Agilität stehen vor allem die Diskussionen um die Differenzierung der Notwendigkeit von Managern oder Leadern, sowie diese in den Kontext gestellt mit Change Management Prozessen. Eine These daraus ist, dass die Change-Prozesse aufgrund der Digitalisierung als kontinuierliche bzw. als schneller werdende Prozesse verstanden und wahrgenommen werden müssen.

Damit die Komplexität von Changemanagement fokussiert und strukturiert in den Kontext der Fragestellung dieser Arbeit eingebettet werden kann, ist eine Differenzierung nach der Intensität eines Wandels sinnvoll. Die Literatur unterscheidet zwischen dem Wandel erster Ordnung und Wandel zweiter Ordnung. Nach Levy & Merry ist der Wandel erster Ordnung durch Kontinuität, Verbesserungen und Entwicklungen in eine Richtung sowie inkrementelle Veränderungen charakterisiert. Zusätzlich findet hier kein Paradigmenwechsel statt, da der Wandel auf einzelne Ebenen und Dimensionen begrenzt ist und schlussendlich keine neue Denk- oder Verhaltensweise eingesetzt wird. Dagegen führt der

---

[7]Weinrich (2016, S. 16).
[8]Vgl. Fuchs (2017, S. 54 ff.).

Wandel zweiter Ordnung zu revolutionären Veränderungen in multidimensionaler Weise und auf verschiedenen Ebenen der Organisation. Ein Paradigmenwechsel findet statt, der teilweise auch irrationale Veränderungen herbeiführt. Z. B. können sich Einstellungen, Normen und Werte ändern.[9] Diese Charakterisierung wurde bereits 1986 formuliert. Im Rahmen dieser Arbeit setzten die Autoren den Wandel erster Ordnung der Innovation bzw. dem innovativen Wandel gleich und der Wandel zweiter Ordnung wurde als disruptive(r) Innovation/Wandel bezeichnet, da moderne Literatur und diverse Fachzeitschriften dies synonym verwenden. Diese Art des Wandels hat ursprünglich Christensen als ‚disruptive technology' eingeführt und die Bezeichnung später, in seinem weiteren Werk, in ‚disruptive innovation' umgeformt.[10] Diese disruptive Komponente wird in enger Verbindung zur exponentiellen Entwicklung gesehen, welcher die relevanten Branchen aktuell ausgesetzt sind. Vor allem in der Start-up-Szene ist der Begriff „Disruption" sehr beliebt, da dieser die Revolution in den Gedanken von Unternehmensgründern zum Ausdruck bringt. Die Innovationskraft, bezogen auf die digitale Transformation der Bankenbranche, war seit Anfang des 21. Jahrhunderts schwach ausgeprägt. Diese Schwäche wurde durch die Finanzkrise in den Jahren 2008 und 2009 nochmals signifikant negativ beeinflusst, da seitdem der Fokus auf Risikoreduktion und Kosteneinsparungen liegt.

Die relevanten Aspekte, dass Innovation mit Veränderung oder Verbesserung gleichzusetzen ist und, dass ein akuter Stillstand festzustellen ist, führt somit zur Schlussfolgerung, dass in einer ganzen Dekade, trotz fortschreitender Entwicklung des Internets und der Technik, nur wenig Innovation stattgefunden hat. So wurden Prozesse und Produkte durch die Online-Banking-Fähigkeit der Kunden lediglich in die digitale Welt verlagert. Tatsächlich innovative Veränderungen von Produkten hat es wenige gegeben, und oftmals finden analoge Prozesse im Hintergrund weiterhin statt. Parallel dazu erfolgte eine Entwicklung, welche die Basis für die heutigen Herausforderungen bildet. Weitere Wettbewerber, unter anderem FinTechs, aber auch ‚third party player', also Near- und Non-Bank Unternehmen, wie Amazon, Apple, PayPal und Google wurden zu ernst zu nehmenden Wettbewerbern, denn der Fokus dieser Unternehmen liegt nicht auf der Innovation, sondern auf der disruptiven Innovation. Im Gegensatz dazu befindet sich die Bankenbranche in einer Situation, die geprägt ist von fehlender Innovation, resultierend aus Prozessen der Vergangenheit. Gleichzeitig werden

---

[9]Vgl. Levy und Merry (1986, S. 5 ff.).
[10]Vgl. Bower und Christensen (1995, S. 45 ff.); Christensen und Raynor (2013, S. 32 ff.).

kurzfristige, disruptive Veränderungsszenarien prognostiziert, die alle Charakteristika des beschriebenen Wandels zweiter Ordnung aufweisen. Der dritte verstärkende Effekt ist, dass der disruptive Wandel eine Umwelt schafft, in der ein Veränderungsprozess entsteht, der kontinuierlichen oder stetigen Charakter hat. Diese Entwicklung entspricht auch der mehrheitlichen Meinung der Fachliteratur sowie diverser Studien.[11] Somit erhält der als klassisch und konservativ assoziierte Begriff des Changemanagements eine neue Bedeutung.

Das Fazit dieses Kapitels ist, dass Agilität ein zunehmend bedeutendes Element in der Unternehmensführung auf normativer, strategischer sowie auf operativer Ebene ist. Erkenntnisse und Erfahrungen aus der Softwareentwicklung zu nutzen, wird gefordert und erweist sich als sinnvoll, wenn man die Vorteile betrachtet, die im Einklang mit den Anforderungen der sich verändernden Umwelt stehen. Somit steht Agilität für eine Mentalität, die vorwiegend auf dem Prinzip der kollaborativen und auf Schnelligkeit ausgelegten Führungs- und Arbeitsmethoden basiert. Das Zwischenfazit bietet die Möglichkeit, eine Definition für den Begriff des agilen Managements zu formulieren. Hierfür gibt es keine allgemeingültige, in der Literatur fundierte Beschreibung, weshalb dies auf Basis der bisher behandelten Grundlagen für diese Arbeit umgesetzt wird:

▷ Agiles Management ist Methodenkompetenz und zugleich ein Mind-Set, welches die notwendige Flexibilität und Geschwindigkeit für das Unternehmen und jeden Mitarbeiter schafft, um auf operativer und strategischer Ebene die normativen Ziele erfolgreich umsetzen zu können.

---

[11]Vgl. Bradley et al. (2015, S. 2 ff.); Krüger (2009, S. 81 ff.); Capgemini Consulting (2012, S. 59 ff.); Capgemini Consulting (2015; S. 5 ff.); Fuchs (2017, S. 54 ff.).

Digitalisierung – Herausforderungen der Bankenbranche

3

Digitalisierung kann als inflationär verwendeter Begriff wahrgenommen werden und wird daher differenziert interpretiert. Einerseits stellt es die Verschiebung von analogen hin zu digitalen Informationen sowie Prozessen dar, wie beispielsweise die Speicherung von musikalischen Inhalten, die vor einigen Jahren noch über die CD und heute als Streaming-Dienst zur Verfügung stehen. Ebenso stellt die Möglichkeit der digitalen Speicherung von Bildmaterial eine Entwicklung des Digitalisierungsprozesses dar. Diese Entwicklungen werden mit technologischer Transformation assoziiert. Andererseits wird der Begriff der Digitalisierung auch dann verwendet, wenn der technologische Fortschritt dazu führt, dass analoges Prozessverhalten abgelöst wird und dadurch eine Veränderung in mehrdimensionaler Hinsicht entsteht. Dabei ist vor allem in der Kreditwirtschaft zu beobachten, dass ein Großteil der als Digitalisierungsprozesse suggerierten Entwicklungen eher der Automatisierung bzw. der einfachen technologischer Weiterentwicklung zuzuordnen ist. Die eigentliche Digitalisierung in mehrdimensionaler Hinsicht sowohl für den Kunden als auch für das Unternehmen bleibt aus. Das geschähe beispielsweise dann, wenn sich die Anwendungsmöglichkeit und das Anforderungsprofil ändert oder der Aufwand der für die Nutzung benötigt wird, deutlich reduziert ist. Regelmäßig wird auf analoge Prozesse eine digitale Außenwirkung gesetzt.

Seitdem digitale Medien genutzt werden, verändert sich das Kommunikationsverhalten der Menschen. Dies wird als gesellschaftliche Transformation bezeichnet. „Die Digitalisierung ist – basierend auf dem Internet als Querschnittstechnologie – so tief greifend für alle wirtschaftlichen und gesellschaftlichen Lebensbereiche, dass sich kein privater Nutzer oder Unternehmer dem entziehen

© Springer Fachmedien Wiesbaden GmbH, ein Teil von Springer Nature 2018
M. Deeken und T. Fuchs, *Agiles Management als Antwort auf die Herausforderungen der Digitalisierung,* essentials,
https://doi.org/10.1007/978-3-658-22706-7_3

kann."[1] Der Kern der Digitalisierung mit konkretem Bezug auf die Bankenbranche ist folgender: Das Kundenbedürfnis an sich ändert sich nur wenig.
Kunden fragen weiterhin Kreditprodukte, Zahlungsverkehr – im Sinne von Aus-
tauschgeschäften eines Gutes gegen ein Zahlungsmittel – oder Wertpapieranlagen
nach. Die Anforderung an die Umsetzung dieser Geschäftsarten verändert sich
allerdings signifikant durch die Möglichkeiten der Digitalisierung. Zusätzlich bietet der digitale Plattformgedanke die Möglichkeit Geschäftsmodelle zu
erweitern oder anzupassen, auch über das klassische Banking hinaus. Wodurch
die Geschwindigkeitserhöhung der Anforderungsveränderungen determiniert ist,
wird im Folgenden näher erläutert.

3.1 Sicherstellung einer hinreichenden Veränderungsgeschwindigkeit

The irruption of a set of powerful and dynamic new industries accompanied by a
facilitating infrastructure will obviously have enormous consequences both in the
industrial structure and in the preferred direction of investment in that period. The
new possibilities and their requirements also unleash a profound transformation in
‚the way of doing things' across the whole economy and beyond. Thus each technological revolution inevitably induces a paradigm shift.[2]

Bevor die Tragweite der technologischen Revolution stärker behandelt wird,
verdeutlicht das Faktum der frühen Konstituierung der Managementheraus-
forderungen durch Peter Drucker vor der Jahrtausendwende die Relevanz für
die heutige Zeit. Drucker galt schon früh als Vordenker seiner Zeit. Bereits in
den 60er und 70er Jahren veröffentlichte Drucker erste Vorhersagen zu den
wirtschaftlichen und gesellschaftlichen Veränderungen, unter anderem den Übergang zu einer Informationsökonomie. Er stellte die Wissensarbeit in den Fokus
und sprach die digital getriebene Transformation mit umfassenden Auswirkungen
auf die Wirtschaft an. Druckers Ansichten wurden 1999 in seinem Werk über das
Management im 21. Jahrhundert konkretisiert und verdeutlicht. Ex post betrachtet
legte er damit signifikante Grundsteine für die Notwendigkeit zur intensiven
Überarbeitung klassischer Managementmodelle. „Niemand kann den Wandel
managen. Wir können ihm nur einen Schritt voraus sein."[3] So leitet Drucker seine

---

[1]Kollmann und Schmidt (2016, S. V).
[2]Perez (2002, S. 15).
[3]Drucker (1999, S. 109).

Ausführungen zum Thema Wandel ein. Es handelt sich dabei um eine Aussage, unter Berücksichtigung der impliziten Innovationsaufforderung, die ausdrückt, dass der Wandel nicht als Zwang oder als Symptom wahrgenommen werden soll, sondern als Chance für die eigene Erfolgsstrategie zu manifestieren ist. Er konstatierte ebenfalls, dass lediglich die Vorreiter des Wandels in einem zunehmend schnelleren Strukturwandel Überlebenschancen haben. Die beiden Aussagen von Drucker untermauern, dass grundlegender Wandel nicht ad-hoc durchgeführt werden kann, sondern die normative und strategische Ausrichtung muss den Wandel antizipieren, um dem Markt voraus zu sein. Die Ideen neuer Verfahren zur Gestaltung einer Vorreiterrolle werden im Kap. 4 im Rahmen der Darstellung neuer Managementmodelle erneut aufgegriffen. Die im vorherigen Abschnitt eingeführte digitale Transformation wird durch die Einschätzung von Drucker und Perez nochmals verstärkt. Die zurzeit stattfindende technische Revolution ist in der breiten Masse der gängigen Literatur durch den bereits eingeführten Begriff der Digitalisierung definiert. Trotz inflationärer Diskussionen der Digitalisierung ist herauszustellen, dass diese Entwicklung nicht erst seit wenigen Jahren stattfindet. Jedoch nimmt deren Geschwindigkeit in einem Maße zu, dass die Tatsache des disruptiven Wandels nicht mehr abzustreiten ist. Zum einen zeigt Perez bereits im Jahr 2002, dass in der Rückschau auf die letzten fünf technologischen Revolutionen, auch die sechste Revolution zu einem strukturellen Paradigmenwechsel führen wird. Fünfzehn Jahre später sieht der Chief Digital Officer der Deutschen Bank, Markus Pertlwieser, diesen Paradigmenwechsel bereits in vollem Gange.[4] Der Paradigmenwechsel durch die Digitalisierung wird in diverser Literatur mit der industriellen Revolution verglichen. Ende des 18. Jahrhunderts veränderte sich die Bevölkerungsanzahl rasant. Sie vollzog nahezu einen 90-Grad-Knick nach oben. Auslöser waren damals die Dampfmaschine bzw. weitere parallel stattfindende Erfindungen, die zusammengefasst als industrielle Revolution bezeichnet werden. Es dauerte Jahrzehnte, bis sich die Revolution komplett entfaltete. Das zweite Maschinenzeitalter wird als digitale Revolution bezeichnet, welche durch „Computer und andere digitale Errungenschaften [bestimmt ist].“[5] Eine ähnliche Ansicht vertreten Geschwill und Nieswandt.[6] Sie teilen die industrielle Revolution in drei Abschnitte. Der erste Abschnitt ist die Entwicklung der Dampfmaschine bis 1900. Die um das Jahr 1900 stattgefunden Erzeugung und zentrale Verteilung

---

[4]Vgl. Börsen-Zeitung (2016, S. 5).
[5]Brynjolfsson und McAfee (2014, S. 13 ff.).
[6]Vgl. Geschwill und Nieswandt (2016, S. 12 ff.).

von elektrischem Strom wird als zweiter Abschnitt eingestuft. Als dritte Phase wird die Digitalisierung von Informationen sowie die Beschleunigung der Arbeitsprozesse durch die IT ab dem Jahr 2000 bezeichnet. Dabei ist zu bedenken, dass Computer keine Neuerfindung sind. Der PC wurde bereits 1982 zur „Maschine des Jahres" gewählt. Doch ebenso wie die Dampfmaschine scheint auch die Digitalisierung mehrere Jahre zu benötigen, um eine echte Revolution zu werden. Eine weitere Aussage von Brynjolfsson und McAffe ist, dass wir „[d]urch die Computer … an einem Wendepunkt [stehen] – einem Punkt, an dem die Kurve einen starken Knick bekommt. Wir treten ein in ein neues Maschinezeitalter."[7] Dieser Knick wird von interviewten Fachexperten ebenfalls als ,Turning Point' und als ,hockey stick' bezeichnet. Dies ist der Punkt, ab dem eine exponentielle Funktion einen steilen Aufwärtstrend beschreibt.[8]

„Exponentielles Technologiewachstum trifft oft auf lineares Denken in den Köpfen der Entscheider, was dann – wie im Fall von Nokia – innerhalb weniger Jahre zum Ausscheiden aus dem Markt führen kann."[9] Dieses Zitat wird untermauert durch die Erkenntnisse der Experteninterviews, die zeigen, dass die Befragten mehrheitlich die These bestätigen, dass die Entwicklungen sich beschleunigen, der Mensch jedoch überwiegend auf lineare Prozesse eingestellt ist.[10] Ein Exempel für eine solche Unterschätzung des exponentiellen Wachstums ist WhatsApp. Innerhalb von zwei Jahren vernichtete WhatsApp mehr als 50 % des Umsatzes, der mit SMS erzielt wurde. Ein Umsatzrückgang von 2,8 Mrd. EUR auf 1,3 Mrd. EUR im Zeitraum 2012 bis 2014 wurde verzeichnet.[11] Diese Erkenntnis macht deutlich, welche Auswirkungen ein fehlendes Verständnis für die technologische Entwicklung haben kann. „Wer unsicher ist, der zögert mit seinen Entscheidungen – und das ist in Märkten, in denen Tempo entscheidend ist, oft schon der entscheidende Fehler."[12] Neben der Notwendigkeit einer besseren Führungskräftequalifizierung in Bezug auf technologisches Verständnis, ist die abzuleitende Anforderungserkenntnis an agiles Management, der Mut und die Durchsetzungskraft zu konsequenten Entscheidungen – trotz unsicherer Zeiten. Diese Situation wird ebenfalls als ,VUCA-Times' (volatility, uncertainty, complexity und ambiguity) bezeichnet, was eine prägende Substantivierung der Herausforderungen darstellt.

---

[7]Brynjolfsson und McAfee (2014, S. 19).
[8]Vgl. Fuchs (2017, S. 54 ff.).
[9]Kollmann und Schmidt (2016, S. 86).
[10]Vgl. Fuchs (2017, S. 54 ff.).
[11]Vgl. Berke (2014, o. S.).
[12]Kollmann und Schmidt (2016, S. 89).

3.2   Management von Innovation bei steigender Komplexität

Die Herausforderung der Innovation ist aufgrund des Drangs nach Wirtschafts-wachstum und Wettbewerbsfähigkeit impliziert. Auf der Metaebene betrachtet, ist die Digitalisierung an sich als innovative Entwicklung einzustufen und macht, bezogen auf die Produkt- und Prozessinnovation, deutlich, dass Innovationen essenziell sind, damit sich Unternehmen am Markt weiterhin behaupten kön-nen und den kürzer werdenden Veränderungszyklen gerecht werden. Um die Überleitung zum agilen Management aufzuzeigen, ist vorab darzulegen, warum Innovationen bei Produkten und Prozessen im 21. Jahrhundert eine stärkere Herausforderung darstellen als im 19. oder 20. Jahrhundert.[13] Ein wesentlicher Faktor ist die Komplexität: die der Umwelt, der Kunden sowie der Banken-branche. Unter der Annahme, dass sich eine Bank zu einem Technologieunter-nehmen entwickelt, entsteht Komplexität in Bezug auf die Digitalisierung durch zwei wesentliche Faktoren. Dem Mooreschen Gesetz folgend wächst die Menge an verfügbaren Daten, Vernetzungen aber auch Verarbeitungsmöglich-keiten exponentiell an. Gleichzeitig können diese Daten auch immer schnel-ler, effizienter und unstrukturierter gespeichert sowie ausgewertet werden. Die Kombination aus diesen Entwicklungen – trotz der Annahmen, dass sich die Verdoppelung über längere Zeiträume erstrecken wird – erzeugt eine Komplexi-tät, die von einem menschlichen Individuum nicht mehr überblickt werden kann. Diese These wird von vielen Wissenschaftlern, aber auch von bekannten Personen mit umfangreicher praktischer Erfahrung bestätigt und vertieft. Bei-spielsweise beschreibt Wolf Singer (Hirnforscher am Max-Planck-Institut) die Situation so: „Ich denke, wir sollten uns alle darüber im Klaren sein, dass wir die Systeme, in denen wir zurzeit agieren, rational nicht mehr durchdringen und sogar intuitiv nur sehr unvollkommen erfassen können."[14] Auch die wissen-schaftliche Forschung weist auf diese Situationen sowie auf Studien hin, die dies belegen. Sowohl Caputo (2014) als auch Gibbons (2013) schreiben über die Irrationalität von Managemententscheidungen und beziehen sich dabei sowohl auf die Studien von Cyert und March (1963) als auch Simons (1957).[15] Eine

---

[13]Vgl. Geschwill und Nieswandt (2016, S. 22); Alt und Puschmann (2016, S. 223); Walter (2016, S. 29).

[14]Anderson und Uhlig (2015, S. 260).

[15]Vgl. Caputo (2014, S. 62 ff.); Gibbons (2013, S. 7).

Schlussfolgerung, die das Statement von Wolf Singer untermauert, lautet wie folgt: „Managers, as human beings, are not perfectly rational, and have emotional and cognitive limitations."[16] Vor allem die kognitive Limitierung beschreibt den Zustand, dass die vorherrschende Komplexität durch eine einzelne Person nicht mehr überblickt werden kann. Das Anforderungsprofil, welches für einen Manager nach klassischer Lehre zu Planbarkeit und Steuerung definiert wird, ist nicht ausreichend und neigt zur Überforderung. Die Konsequenz daraus ist, dass CEOs bzw. Führungskräfte im normativen und strategischen Management viele Entscheidungen nicht mehr alleine treffen können oder gar keine mehr treffen, sondern in enger Zusammenarbeit mit dem operativen Management Lösungen erarbeiten müssen. Ebenso wird darauf hingewiesen, dass der Entscheidungsfindungsprozess umfangreich erforscht wurde und in diversen Managementstudien ein Schwerpunktthema darstellt. Trotz allem werden klassische Theorien weiterhin gelehrt. Wolf Singer beschreibt die Problematik aus dem Blickwinkel der Evolutionswissenschaft. „Solange wir nicht selbst existenziell bedroht sind, fällt es uns schwer, aus Erkanntem die notwendigen Verhaltensänderungen abzuleiten. Die biologische Evolution hat uns nicht mit den Verhaltensdispositionen ausgestattet, die wir für solch vorausschauendes Handeln bräuchten."[17] Ein weiterer Aspekt der Komplexität, die fehlende Vorhersehbarkeit, kann auf der Managementebene gelöst werden. Ein beispielhaftes Modell beschreibt die Abkehr vom Zielmanagement hin zum Optionsmanagement nach Vieweg.[18] Das Besondere an komplexen Situationen ist, dass Vorhersagen und ex-post Controlling keinen Mehrwert bieten, denn Situationen oder Ergebnisse wiederholen sich nur selten oder gar nicht. Die Umwelt ist so schnelllebig, dass Erfahrungswerte aus einem vorherigen Soll-Ist-Vergleich nicht verwendet werden können, um sie in neuen Situationen anwenden zu können. Daher schlägt Vieweg ein Modell vor, das er auf diversen wissenschaftlichen Werken aufbaut. Er sieht in dem Modell einen Querschnitt aus den Konzepten der alternativen Führung nach Zielen, der Chancen-Perspektive sowie dem Realoptionsansatz. Zusammengefasst versucht der Ansatz, dass bei einer Idee in Vorleistung getreten wird, wodurch der Anspruch entsteht, diese Idee zu einem beliebigen und günstigen Zeitpunkt einzulösen. Das Fazit von Vieweg lautet: „Durch das agile Komplexitäts- und Kontingenzmanagement, durch proaktives Optionsmanagement anstatt

---

[16]Caputo (2014, S. 62).
[17]Anderson und Uhlig (2015, S. 254).
[18]Vgl. Vieweg (2015, S. 44 f.).

einem ungelenken, bürokratischen Zielmanagement, gelangt das Management in eine postheroische Phase ... und eröffnet mithin zusätzliche Optionen für eine weitergehende Effizienz- und Produktivitätssteigerung, was in einem sich ständig verschärfenden Wettbewerb nie ein Nachteil ist [und den Innovationsprozess fördert]."[19] Im Folgenden wollen wir eine Herausforderung auf psychologischer Ebene untersuchen und dabei v. a. den Menschen fokussieren, der bei agilem Management eine zentrale Rolle einnimmt.

3.3 Kognitive Dissonanzen in Unternehmen

„Häufig unterschätzt wird [im Rahmen von Change-Prozessen], welche tief greifenden Veränderungen agile Methoden wie Scrum bzgl. Unternehmenskultur und Führungsverständnis aber auch hinsichtlich lange gehegter Glaubenssätze und Machtstrukturen verursachen und gleichzeitig auch erfordern."[20] Menschen können in diesen Situationen zu kontraproduktiven Verhaltensmustern neigen, welche durch aktiv umgesetztes, agiles Management vermieden oder verringert werden können. Die Theorie der kognitiven Dissonanz wurde durch Leon Festinger im Jahre 1957 aufgestellt und durch diverse Experimente belegt. Die Erkenntnisse der kognitiven Dissonanz in Bezug auf Veränderungsprozesse verloren über die Jahrzehnte in keinster Weise ihre Relevanz und sollen daher im Kontext der Digitalisierung diese Arbeit bereichern.

Das Werk von Festinger gilt noch heute als wegweisende Errungenschaft der psychologischen Wissenschaft. Ähnlich wie Peter Drucker (die beiden haben aber sonst sehr wenig gemeinsam) war Festinger ein Visionär seiner Zeit. Er stellte zur Theorie der kognitiven Dissonanz zwei Hypothesen auf, die im Laufe seiner Forschung belegt und wozu in den nachfolgenden Jahren mehrere Experimente bestätigend durchgeführt wurden. Zur Wahrung der Authentizität sind die folgenden beiden Hypothesen zitiert und bilden die Basis zur Beantwortung der Frage, warum agiles Management eine Antwort auf diese Herausforderung der Digitalisierung sein kann.

---

[19]Vieweg (2015, S. 45); Vgl. Baecker (2015, S. 7 ff.); Hinz (2010, S. 5 f.); Simon (2015, S. 122 ff.).
[20]Dittmar (2014, o. S.).

1. „The existence of dissonance, being psychologically uncomfortable, will motivate the person to try to reduce the dissonance and achieve consonance.
2. When dissonance is present, in addition to trying to reduce it, the person will actively avoid situations and information which would likely increase the dissonance."[21]

Die im Gehirn entstehenden und sich widersprechenden Bewusstseinsinhalte können unter anderem durch die neuen Arbeitskulturen und Verhaltenskulturen entstehen. Gemäß dieser Theorie strebt jedes Individuum nach Balance und versucht diese Widersprüche zu vermeiden oder zu eliminieren. Widersprüche entstehen dadurch, dass viele neue Informationen oder Fakten generiert werden, die den bisherigen Erfahrungsstand infrage stellen oder zu den bestehenden Kognitionen im Widerspruch stehen.[22] Diese Situation ist eine Folge der im vorherigen Kapitel beschriebenen Geschwindigkeit der Digitalisierung, die seit einigen Jahren besteht und voraussichtlich noch deutlich zunehmen wird, unter der Annahme der weiterhin exponentiellen Entwicklung. Die Bankenbranche steht aktuell an einem Punkt, an dem diese Situation verstärkt auftreten kann. Die Digitalisierung verändert die Arbeitsweise, das Geschäftsmodell, die Prozesse und die Umwelt, in der sich die Menschen bewegen. Diese Flut an neuen Fakten und Gegebenheiten erzeugt bei vielen Menschen eine kognitive Dissonanz. Damit das beschriebene Phänomen der Vermeidung dieser kognitiven Dissonanz nicht eintritt, ist das Unternehmen in besonderer Weise gefordert. Es gibt drei Möglichkeiten die Dissonanz zu reduzieren.

1. „Durch die Änderung eines oder mehrerer Elemente, die an den dissonanten Beziehungen beteiligt sind.
2. Durch das Hinzufügen neuer kognitiver Elemente, die mit bereits bestehenden Kognitionen konsonant sind.
3. Durch das Verringern der Wichtigkeit der an den dissonanten Beziehungen beteiligten Elemente."[23]

Der Fokus liegt auf der ersten Möglichkeit, denn Banken haben die Möglichkeit an dieser Stelle proaktiv zu reagieren. Agiles Management setzt hier an und

---

[21]Festinger (1970, S. 3).
[22]Anm. der Verfasser: Bspw. auch die Kognition eines gewissen Machtgefüges.
[23]Festinger (2012, S. 256).

nutzt die dargestellten Leadership-Fähigkeiten, um den Menschen intensiv in den Mittelpunkt zu stellen und durch Transparenz, Vertrauen und Offenheit eine Veränderung des Mind-Sets herbeizuführen. Die beschriebene Dissonanz resultiert daraus, dass die Digitalisierung als Bedrohung wahrgenommen werden kann. Einerseits als Risiko für den eigenen Arbeitsplatz und andererseits als Bedrohung für das aufgebaute Machtgefüge sowie den Karrierestatus. Je schneller die Entwicklung ist, was die bisherigen Analysen bestätigen, desto größer wird die Dissonanz und desto stärker mögliche Gegenreaktionen. Ebenfalls ist an dieser Stelle die Verbindung zu dem Changemanagement-Modell von Lewin bzgl. retardierender Kräfte erkennbar, nicht zuletzt, weil Festinger ein Schüler von ihm war.[24] Weitere Details zu möglichen Entschleunigungsbestrebungen der Digitalisierung, aufgrund von Dissonanzen, werden in den Interviewanalysen dargelegt.

Agiles Management als Methodenkompetenz und Einstellung verstanden, kann die Veränderung der Elemente erzielen, welche für die Dissonanz verantwortlich sind. Dabei wird das Verständnis für die Chancen geschaffen, wodurch der Charakter der Bedrohung reduziert wird. Damit die kognitive Dissonanz in eine Situation der Chancenerkenntnis übergeht, müssen die Menschen eng begleitet werden. Darüber hinaus müssen die Personen, die das entsprechende Mind-Set haben, den Dialog suchen und dadurch Transparenz und ein besseres Verständnis für die Potenziale dieser Entwicklung schaffen. Dies ist ein Prozess, der in allen Ebenen des Unternehmens stattfinden muss, damit der disruptive Wandel ein erfolgreicher Wandel für das jeweilige Unternehmen werden kann. Unabhängig von der psychologischen Herleitung, fordern diverse wissenschaftliche Zeitschriften sowie einschlägige Management-Literatur eine Umkehr des Mind-Sets – so auch Rotzinger und Stoffel in ihrem Modell zur gelebten Demokratie.[25] Der beschriebene Wettbewerbsvorteil der Agilität fordert gleichzeitig, dass die Führung neue Wege gehen muss. Explizit stellen sie heraus, dass Mitarbeiter stärker in den Entscheidungsprozess eingebunden werden müssen. Beispielsweise werden bei Haufe-Umantis die Führungskräfte von den Mitarbeitern bestimmt. Damit einhergehend ist die Annahme, dass die Mitarbeiter durch die stärkere emotionale Bindung, ebenso bei negativen Entscheidungen, eine höhere Loyalität und ein höheres Verantwortungsbewusstsein aufbauen. Schlussfolgernd daraus muss das normative Management mehr Verantwortung abgeben und gleichzeitig eine höhere Fehlertoleranz zulassen. Das mittlere

---

[24]Vgl. Lewin (2012, S. 243 ff.).
[25]Vgl. Rotzinger und Stoffel (2015, S. 3 ff.).

Management sollte sehr wenig Entscheidungsbefugnis haben, sondern eher als Befähigungsinstanz des operativen Managements fungieren und Hindernisse beseitigen. Im Folgenden wird die Herausforderung aufgrund neuer Wettbewerber analysiert und vertiefenden dargestellt.

3.4   Umgang mit FinTechs & Technologieunternehmen

„Als Kombination aus den Worten Financial Service und Technology versteht man unter FinTechs gemeinhin junge Unternehmen, die mithilfe technologiebasierter Systeme spezialisierte und besonders kundenorientierte Finanzdienstleistungen anbieten."[26] Einer Studie des Bundesfinanzministeriums (BMF) zufolge, wurden Ende 2015 insgesamt 346 aktive FinTechs identifiziert. Der deutsche FinTech-Markt liegt im europäischen Vergleich auf Platz zwei hinter Großbritannien.[27] Diverse Berichte schildern die FinTech-Situation als Bedrohung, weil sie den Finanzdienstleistungsmarkt revolutionieren und bestehende Geschäftsmodelle angreifen. Aufgrund der Tatsache, dass sich die Fakten hierzu in den letzten zwei bis drei Jahren sehr schnell verändert haben, wird auf die Konkretisierung dieser teils überholten Studien verzichtet und der Status Quo interpretiert. Beide Parteien, FinTechs sowie Finanzinstitute, haben erkannt, dass Kooperationen eine erfolgreichere Entwicklung ermöglichen als der gegenseitige Konkurrenzkampf. Bereits Ende 2015 arbeiteten 87 % der befragten Unternehmen im Rahmen der Studie des BMF mit FinTechs zusammen.[28] Bspw. nutzt die Deutsche Bank mindestens sieben Kooperationen bereits im aktiven Tagesgeschäft. Darunter Deposit Solution GmbH, fincite, Gini, figo, finanzguru, DSwiss und WebID.[29] Dass eine Kooperation sinnvoll ist, zeigt auch eine Studie von Statista, bei der die assoziierten Eigenschaften von FinTechs und Banken erfragt wurden. Dabei ist das Kernergebnis, dass beide Parteien ihre Stärken nutzen können, um gemeinsam wettbewerbsfähige Innovationen zu entwickeln. Klassische Institute werden als sicher, vertrauenswürdig und zuverlässiger

---

[26]Danker (2016, o. S.).

[27]Vgl. Bundesministerium der Finanzen (2016, S. 1 f.)

[28]Vgl. Bundesministerium der Finanzen (2016, S. 51 f.).

[29]Vgl. Schmiechen (2017, o. S.); Wirminghaus (2016, o. S.).

eingestuft, wobei FinTechs ein besseres Preis-Leistungs-Verhältnis aufzeigen, transparenter und kundenorientierter agieren.[30]

Weiterhin zeigen Studien, dass FinTechs aus Sicht von deutschen Banken eine ernsthafte Bedrohung für etablierte Banken sein können. Sicherlich gibt es Bereiche, in welchen FinTechs besser sind und Marktanteile gewinnen können. Doch selbst etablierte Start-ups wie scalable capital kooperieren mit der ING Diba. Die Herausforderung für die zahlreichen Start-ups ist es, Kundenzugang zu erhalten. Wenn dieser nicht schnell genug erreicht wird, bleiben Erfolgs-faktoren und Erträge aus, da dies nur durch ein hohes Kundenvolumen erreicht werden kann. Größe ist ein unabdingbarer Faktor, zumindest im Retail Banking. Noch haben klassische Banken einen Vorteil in Bezug auf Größe und Kunden-zugang sowie Kundendaten. Doch mit neuen Regularien wie PSD 2[31] oder Ähn-lichem, wird dieser Zugang immer weniger als Markteintrittsbarriere bestehen bleiben. Folglich sind Tech-Konzerne wie GAFA in einer Machtposition. Diese Unternehmen verstehen es wie keine anderen, Kundendaten zu ihrem Vorteil zu nutzen und dem Kunden dennoch das Gefühl zu geben, er sei der Mittelpunkt allen Handelns. Customer Experience erreicht denselben Stellenwert wie Größe. Ausgestattet mit einer Banklizenz sind die Konzerne GAFA bereit für Disrup-tion bzw. Verdrängung von klassischen Unternehmen. Amazon Inc. ist hierfür ein Vorzeigeunternehmen. Von Amazon Pay über Amazon Cash und Amazon Coin decken die Amerikaner bereits viele Geschäftsfelder ab. So werden Lieferanten-kredite mittlerweile ohne Intermediäre von Amazon angeboten, womit sie direkt in das Geschäft mit Working Capital vorstoßen. Die Frage nach den finanziellen Mittel stellt sich zudem bei diesen Unternehmen nicht.

Als Fazit ist festzuhalten, dass diverse Studien weiterhin von der Existenz der FinTech Disruptoren ausgehen. Die Realität zeigt jedoch ein anderes Bild, wes-halb diese Studien kritisch zu hinterfragen sind.

Die Quintessenz der bisher aufgezeigten Erkenntnisse bezieht sich nicht auf die Zahlen, sondern darauf, wie es die FinTechs geschafft haben, in dieser Geschwindigkeit und mit diesem Erfolg neue Innovationen zu entwickeln. Fin-Techs nutzen den Trend der Digitalisierung und haben einen klaren Fokus auf ein Produkt oder einen Service, der innerhalb der Wertschöpfungskette von

---

[30]Statista (2016, o. S.).

[31]Anmerkung der Verfasser: Die EU Richtlinie PSD 2 beschreibt neue Regelungen für den europäischen Zahlungsverkehr, wodurch dieser sicherer, transparenter und wettbewerbs-fähiger werden soll.

Banken disruptive Wirkungen erzielen kann. FinTechs sind IT-Unternehmen und arbeiten mit agilen Methoden wie bspw. Scrum. Diese Agilität wird nicht nur bei der Entwicklung neuer Innovationen eingesetzt. Der Spirit, die Denkweise und der kollaborative Gedanke sind Teil der Unternehmensphilosophie von FinTechs. Daher ist die Schlussfolgerung aus der Betrachtung der Fin-Techs, bezogen auf die Fragestellung des agilen Managements, dass FinTechs sowohl als Kooperationspartner für neue Innovationen genutzt werden sollten, aber vor allem die Art und Weise, wie zusammengearbeitet wird und welches Mind-Set verinnerlicht ist, adaptiert werden soll. In einer Studie von Accenture wird dies nochmals zusammenfassend wie folgt dargestellt. „The big challenge for established players is their organizational culture's ability to adopt a collaborative approach with new innovators and startups."[32]

Abschließend ist der Kausalzusammenhang der Herausforderungen wie folgt darzustellen: Die Bankenbranche wird beeinflusst durch die exponentielle technologische Entwicklung. Diese führt zur Steigerung der Komplexität und wird durch die Digitalisierung verstärkt bzw. beschleunigt. Banken wollen bzw. müssen sich zu Technologieunternehmen entwickeln, wodurch das Management in besonderem Maße gefordert wird. Diese Schnelligkeit führt zu verstärkten kognitiven Dissonanzen bei Mitarbeitern und Managern im Unternehmen, was durch den Markteintritt neuer Wettbewerber wie FinTechs und Technologieunternehmen verstärkt wird. Die Folge ist, dass sich die Bankenbranche fundamental verändern muss, um diese Herausforderungen annehmen und lösen zu können.

---

[32]Skan et al. (2015, S. 9).

Theorien für agiles Management in Unternehmen

4

In den anschließenden Ausführungen erfolgt eine Darstellung von neuen, teils theoretischen, teils praxisbezogenen Modellen, die einen Anstoß dafür geben, wie agiles Management in einem Unternehmen umgesetzt und neu gedacht werden kann. Im Fokus stehen dabei eine parallele Organisationsstruktur, das Selbstorganisations-Prinzip sowie das Modell der Holokratie.

4.1 Das Duale System

Einer der bekanntesten Vordenker und Wissenschaftler im Bereich des Managements, John Kotter, veröffentlichte seinen ersten Beitrag zu der neuen Management-/Führungs-Methode 2012 im Harvard Business Review. Kotter wurde bereits als ein bedeutender Professor an der Harvard Business School für seine Weiterentwicklung des Changemanagement-Prozesses von Lewin vorgestellt. Die nachfolgenden Erläuterungen basieren auf diversen Ausführungen Kotters zu seinen Gedanken und Ideen eines neuen Führungsmodells für Unternehmen. Er entwickelte das 8-Phasen Modell und machte es der Öffentlichkeit in seinem Werk, Leading-Change, ursprünglich im Jahr 1996 und mit einem neuen Vorwort im Jahr 2012 zugänglich. Die Nennung der neuen Auflage ist relevant, denn dort beschreibt Kotter, dass die Notwendigkeit zu besserem Changemanagement in den letzten 16 Jahren zugenommen hat, weil der Wandel immer schneller wird. Einer seiner Kernaspekte im neuen Werk ist die Beschleunigung der Welt und vor allem des Arbeitslebens. Das Werk mit dem gleichnamigen Titel Accelerate beschreibt ein neues Management- bzw. Organisationssystem, welches den Gedanken einer agilen Management-Methode integriert. Er erläutert einen gesamthaften Vorschlag für eine effektive und für zukünftige Herausforderungen

© Springer Fachmedien Wiesbaden GmbH, ein Teil von Springer Nature 2018
M. Deeken und T. Fuchs, *Agiles Management als Antwort*
auf die Herausforderungen der Digitalisierung, essentials,
https://doi.org/10.1007/978-3-658-22706-7_4

gerüstete Management-Struktur. Kotter nennt es das duale System, wobei der Begriff Beschleuniger eine doppeldeutige Rolle spielt. Einerseits beschreibt Kotter die beschleunigte Entwicklung der Innovationen und andererseits benutzt er den Begriff Beschleuniger zur Darstellung von acht Initiativen, die eine agile Arbeitsweise ermöglichen und dem Unternehmen zu einer dualen Struktur für mehr Innovationskraft verhelfen.

Wie Unternehmen zukünftig erfolgreich sein können, beschreibt er so: „[T]he most agile, innovative companies add a second operating system, built on a fluid, network like structure, to continually formulate and implement strategy. The second operating system runs on its own processes and is staffed by volunteers from throughout the company."[1] Das bedeutet, dass im Rahmen eines geplanten Wandels eine parallel-verbundene und agile Doppelorganisation aufgebaut werden muss. Kotter stellt in diesem Zusammenhang auch die Frage, was genau die Fehler von heutigen Unternehmen sind, Er sagt, „[h]erkömmliche Unternehmen setzen auf Hierarchien, operieren in Silos, arbeiten mit Leitlinien, definierten Rollen und Prozessen sowie ausgefeilten Planungssystemen. Sie gewährleisten, was etablierte Unternehmen sicherstellen müssen: effizient und stabil ein Standardgeschäft durchzusteuern."[2] Doch der bereits beschriebene disruptive Wandel verlangt mehr als Effizienz und Stabilität. Die Disruption hat auch in der Vergangenheit schon gezeigt, dass Stabilität nicht gewährleistet werden kann, auch nicht für große Unternehmen mit historisch gewachsenem Fundament. Sowohl die Disruption selbst als auch der ständige Wandel bedingen eine stärkere Fokussierung auf Eigenschaften, die mit diesen Veränderungsprozessen umgehen können. Die bereits aufgezeigten Leadership-Eigenschaften ermöglichen dies. So sagt ein erfahrener Psychologe und Managementberater: „Ich erlebe Leadership, wenn ich auf Menschen treffe, die bereit sind, sich für ein Ziel außerordentlich zu engagieren – oft weit über das hinaus, wozu ihr Arbeitsvertrag sie verpflichtet."[3] Dieses Engagement ist bei Kotters Modell ebenfalls Bestandteil und kann als intrinsische Motivation angesehen werden. Jährlich werden diverse Studien zum Engagement deutscher Arbeitnehmer veröffentlicht. Einen seit 2001 jährlich erstellten Bericht dazu, liefert das Institut Gallup.[4] Zusätzlich erfolgt ein Vergleich mit der Studie des GPWID, die in Kooperation mit der Universität zu Köln durchgeführt und vom Bundesministerium für Arbeit und Soziales in Auftrag gegeben wurde.[5] Die Gallup Studie nennt 16 % der Beschäftigten als hoch

---

[1]Kotter (2012, S. 48).
[2]Jessl (2016, S. 24).
[3]Jung (2008, S. 39).
[4]Vgl. Kestel (2015, S. 1 ff.).
[5]Vgl. Groth (2016a, S. 1 ff.).

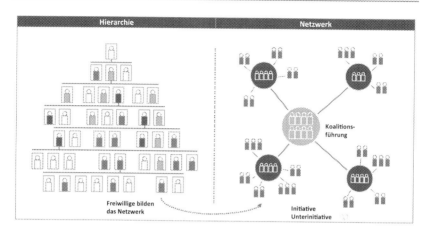

Abb. 4.1 Struktur des dualen Systems. (Quelle: Kotter 2012, S. 49)

emotional gebunden. Dagegen identifiziert die Studie des BMAS 31 % aktiv-engagierte Mitarbeiter in Deutschland.[6]

Das Fazit der Recherche zum Engagement ist, dass die Meinungen zur Repräsentativität der Gallup Studie auseinandergehen. Einerseits werden sie wertschätzend zitiert, wie vom Harvard Business Manager, andererseits vom Leadership Journal scharf kritisiert. Die Ursachen liegen bspw. an der Art der Fragen oder an der Definition von Engagement.[7] Der entscheidende Aspekt dieser Studien ist der Anteil der motivierten und engagierten Mitarbeiter, welche eine hohe emotionale Bindung zum Unternehmen haben. Kotter bekräftigt dass ca. 10 % der Belegschaft nötig ist, um sein Modell zu etablieren. Bildet man das arithmetische Mittel beider o. g. Studien, so sind 23,5 % der Arbeitnehmer dafür geeignet.

Die Bedeutung der Verfügbarkeit von mind. 10 % der Belegschaft soll nun in der folgenden Erläuterung zu Kotters Dualem System aufgezeigt werden (s. Abb. 4.1). Die Basis des Modells bildet die bestehende, klassisch-hierarchische Struktur. Dies ist in der folgenden Abbildung auf der linken Seite dargestellt. Diese Struktur ist optimiert, um das Tagesgeschäft effizient und organisiert abwickeln zu können. Doch zu einer reinen Hierarchiestruktur bemerkt Kotter: „Hierarchies and standard managerial processes, even when minimally bureaucratic, are inherently risk-averse and resistant to change."[8] Aus diesem Grund ist ein weiteres System parallel notwendig, welches sich um die Innovation und

---

[6]Vgl. Gallup Inc (2016, S. 15).
[7]Vgl. Ebenda; Kestel (2015, S. 1 ff.); Groth (2016b, S. 1 ff.); Hauser et al. (2008, S. 113 ff.).
[8]Kotter (2012, S. 48).

Kreativität in einer sich schnell verändernden Umgebung kümmert. Dabei lebt das Netzwerk von minimaler Bürokratie, fehlender Hierarchie und somit keiner Top-Down Führung. Die Arbeitsweise nach dem Selbstorganisationsprinzip wird fokussiert.

In diesem Netzwerk soll eine sogenannte freiwillige Armee arbeiten. Kritiker behaupten, dass dies bereits mit Task-Force-Einheiten etc. umgesetzt wird. Kotter ist dagegen der Ansicht, dass für Task-Force-Einheiten lediglich Mitarbeiter im Top-Down Prinzip zu Freiwilligen ernannt werden. Kotter beschreibt die Organisation im Netzwerk wie folgt: „The volunteer army is not a bunch of grunts carrying out orders from the brass. Its members are change leaders who bring energy, commitment, and enthusiasm."[9]

Damit das Prinzip des dualen Systems effektiv ist, sind folgende Rahmenbedingungen notwendig: Das Unternehmen verfasst ein ‚Opportunity Statement'. Es ist vor den Formulierungen des normativen Managements einzuordnen. Diese Erklärung zeigt die grundlegenden Chancen des Unternehmens in der aktuellen und antizipierten Marktsituation auf und führt somit zu einer Veränderungsvision, die in strategischen Initiativen mündet. Das ‚Opportunity Statement' und die Veränderungsvision werden im normativen Management entwickelt. Der Aufbau des ‚Opportunity Statements' muss kurz, rational, mitreißend, positiv, authentisch, klar und abgestimmt sein. Dies sind Eigenschaften, die viele heutige Visionsbeschreibungen nicht aufweisen und daher auch wenig erfolgreich sind.[10]

Neben dem ‚Opportunity Statement' und der ‚Volunteer Army' im Netzwerk, sind noch fünf weitere Rahmenparameter wichtig, bevor die acht Beschleuniger das Konzept vollenden. Zuerst werden sogenannte ‚Change Agents' benötigt, die bereits mit 10 % der Belegschaft beziffert wurden. Diese Agenten benötigen ein ‚get-to' und kein ‚have-to' Mind-Set wie es bei den meisten Task Forces der Fall ist, die in heutigen hierarchischen Systemen etabliert sind.[11] Alle Aktionen müssen mit Verstand und Herz gemeinsam, also mit sozialer Kompetenz und emotionaler Intelligenz erfolgen. Rein rationale Entscheidungen werden in der Zukunft keinen Erfolg haben. Auch Kotter verlangt mehr Leadership und weniger

---

[9]Kotter (2012, S. 56).

[10]Vgl. Kotter (2015, S. 97 ff.).

[11]Anmerkung der Verfasser: Mit have-to Mind-Set wird beschrieben, dass die Mitarbeiter nicht zu einer Aufgabe befähigt werden und es nicht ihr freier Wille sowie intrinsische Motivation ist, sondern Sie werden zu einer neuen Tätigkeit beordert und dazu „gezwungen". Das Get-to Mind-Set ist in diesem Sinne das Gegenteil und beruht auf dem inneren Willen die Herausforderung und neue Aufgabe zu bewältigen.

Management. Es muss eine untrennbare Verbindung zwischen dem Netzwerk und der Hierarchie geben und keine verbesserte Hierarchie aufgebaut werden. Damit wird erreicht, dass die Machtdistanzen reduziert werden und die Führungskräfte auf strategischer sowie normativer Ebene, Fachwissen direkt von der Basis, dem operativen Management, erhalten können. Die eigentlichen acht Beschleuniger sind sehr stark an den acht Phasen des Change-Prozesses aus Kotters Werk ,Leading Change' orientiert.[12] Zur Wahrung der Authentizität werden sie in der Originalsprache wiedergegeben:

1. „Create a sense of urgency around a Big Opportunity
2. Build and evolve a guiding coalition
3. Form a change vision and strategic initiatives
4. Enlist a volunteer army
5. Enable action by removing barriers
6. Generate (and celebrate) short-term wins
7. Sustain acceleration
8. Institute change"[13]

Der erste Schritt liegt in der Verantwortung des Top-Managements. Anschließend wird eine Führungskoalition aufgebaut, welche zusammen mit dem Dringlichkeitsteam und dem Top-Management die weitere Entwicklung verantwortet.

Kotter baut in erster Linie auf die Aspekte intrinsische Motivation, Selbstorganisation, Hierarchiefreiheit sowie die Kraft der Schwarmintelligenz im Rahmen einer dualen Organisationsform, die neben der auf Stabilität und Effizienz optimierten hierarchischen Aufbauorganisation existiert. Beide Systeme sind ausnahmslos vernetzt und ermöglichen so, die Herausforderungen zu beherrschen, denn „[t]he 21st century will force us all to evolve towards a fundamentally new form of organization"[14] Die Praxis zeigt, dass agile Organisationsnester zwar eingeführt werden, dadurch jedoch eine Doppelbelastung der Mitarbeiter besteht, denn klassische Methoden, wie beispielsweise Lenkungsausschüsse/S sowie Methoden aus dem klassischen Projektmanagement, bestehen weiterhin parallel und konterkarieren somit die Vorteile des agilen Netzwerkgedankens.[15]

---

[12]Vgl. Kotter (2011, S. 18 ff.).
[13]Kotter (2014, S. 27 ff.).
[14]Kotter (2012, S. 58).
[15]Vgl. Fuchs (2017, S. 54 ff.).

Analogien zu Kotters Modell können bei Appelos Management 3.0 Konzept gesehen werden.[16] Die Annahme, dass die operative, agile Umsetzung durch einen agilen Organisationsaufbau befähigt werden muss, bestätigt die Studie von VersionOne, in der diese Aspekte als größte Hindernisse für erfolgreiche agile Projekte eingestuft werden.[17] Kotters Konzept basiert unter anderem auf der Theorie der Selbstorganisation, welche im Folgenden näher betrachtet wird.

4.2   Selbstorganisation

Sowohl in der Definition zu agilem Management als auch in dem Modell Kotters zum Dualen System ist die Selbstorganisation ein Kernelement. Dabei wird angenommen, dass Teams, die an einer Innovation arbeiten, sich selbst organisieren und eigenständig ihre Aufgaben verteilen. Eine These des agilen Manifests ist, dass „die besten Architekturen, Anforderungen und Entwürfe durch selbstorganisierte Teams [entstehen]."[18] Kaltenecker zitiert in seinen Ausführungen zu diesem Thema Peter Drucker, der in seinem Werk „Management Challenges for the 21st Century" davon spricht, dass „Wissensarbeiter … sich selber managen [müssen]. Sie brauchen Autonomie."[19] Autonomie ist ein sehr vielschichtiger Begriff. Der Sprachwissenschaft diagnostiziert folgende Parallelen: Eigenständigkeit, Eigenverantwortlichkeit, Selbstständigkeit, Souveränität, Unabhängigkeit und Selbstbestimmung. „Schließlich ist der Wunsch nach mehr Agilität auch der Dysfunktionalität des traditionellen Managements geschuldet. Erdrückende Bürokratie, Kontrollsysteme, die viele Verbesserungsinitiativen im Keim ersticken, und die oft leeren Rituale des Planens, Befehlens und Kontrollierens sind nur einige markante Symptome dieser Dysfunktionalität."[20] Eine weitere Einschätzung zur Selbstorganisation ist: „The challenge for companies is not to be locked into too much orderliness, but at the same time not to become too chaotic. One solution is the complex, uncontrollable but nevertheless adjustable process called self-organization, which arises where structures are not so inflexible as to impede change."[21] Dieses genannte Chaos wird als Gefahr solcher Teams gesehen.

---

[16]Vgl. Appelo (2011, S. 11 ff.).

[17]Vgl. VersionOne (2016, S. 2 ff.)

[18]Beck et al. (2001b, o. S.).

[19]Kaltenecker (2016, S. 1); Vgl. Drucker (1999, S. 227 ff.).

[20]Kaltenecker (2016, S. 10).

[21]Steiber et al. (2016, S. 25).

Jedoch bedeutet „Selbstorganisation … indes nicht, dass die Teammitglieder alles selbst entscheiden können. Selbstorganisierte Teams bewegen sich weder im luft-leeren noch im unbegrenzten Raum. Im Gegenteil, Selbstorganisation braucht klare Rahmenbedingungen, um sich gut entwickeln zu können."[22] Grundlegende Rahmenbedingungen sind einerseits die Prinzipien und Werte wie die des agilen Manifests, und andererseits besteht ein gemeinsames Ziel, auf das die agilen Teams hinarbeiten, welches auf der normativen Ebene definiert und gesamthaft mit der strategischen Unternehmensausrichtung abgestimmt ist. Wissenschaftler der Har-vard Business School bestätigen, dass ein Fehlen von Managern nicht bedeutet, keine Struktur zu haben. Der Erfolg von selbstorganisierten Teams in einer agilen Welt ist auch dadurch determiniert, dass der CEO solcher Einheiten Entscheidungs-befugnisse und Kontrolle abgibt und somit die Kompetenzen seiner Mitarbeiter stärkt. Der CDO der Deutschen Bank, stimmt diesen Aussagen zu und bezeichnet den CEO agiler Einheiten als den Chief Engagement Officer.[23] Das größte Wissen ist im Team zu finden. Es ist sicherzustellen, dass die Rahmenbedingungen vor-handen sind, um Agilität zu leben und entsprechende strategische Weichen zu stel-len sowie einen Ort zu schaffen, in der alle Kompetenzen zusammensitzen, und somit die Teams nicht mehr nach Abteilungen, sondern nach Themen gebildet werden.[24] Die Autoren sehen das Vorhandensein selbstorganisierter Teams als essenziell für den Erfolg eines Unternehmens an. Die Arbeitsweise ist erfolgreich und wird durch klare Rahmenparameter für alle Beteiligten zu einem transparenten Prozess. Für das Beseitigen von Hindernissen ist eine eigene Rolle etabliert, sodass sich das Team auf seine Kompetenzen konzentrieren und die eigene Arbeitsweise und die Qualität des Outputs in regelmäßigen Iterationen selbst hinterfragen sowie im Team optimieren kann. Das Ergebnis spiegelt sich in einer stark gestiegenen Innovations- und Arbeitsgeschwindigkeit wider.

Trotz der positiven Aspekte sollen zum Abschluss auch etwaige Risiken und Herausforderungen reflektiert werden. Zum einen ist die Arbeit in selbst-organisierten Teams eine völlig neue Art des Arbeitens. Nicht alle Menschen fühlen sich dabei wohl. Dies kann im Rahmen des dualen Systems von Kot-ter dadurch gelöst werden, dass diese Menschen im hierarchisch strukturier-ten Bereich arbeiten. Auf der anderen Seite muss die Möglichkeit in Betracht gezogen werden, dass Unternehmen ihre Ressourcen so allokieren, dass keine

---

[22]Kaltenecker (2016, S. 6).

[23]Vgl. Börsen-Zeitung (2016, S. 7).

[24]Vgl. Fuchs (2017, S. 54 ff.).

Hemmnisse für den Wandel entstehen können. Start-ups oder junge FinTechs haben den Vorteil, dass sie von Beginn an ausschließlich Mitarbeiter mit dem entsprechenden agilen Mind-Set akquirieren können. Ein zweiter Faktor ist als Herausforderung einzustufen. Bei einer Wahl des Vorgesetzten durch die Mitarbeiter müssten zum Beispiel nahezu alle bisherigen Prozesse neu überarbeitet und verhandelt werden. In Summe sehen die Autoren bedeutende personelle Nachteile gegenüber jungen Unternehmen.

Es gibt jedoch relevante Beispielunternehmen, die trotz einer Größe über die Start-up-Phase hinaus, eine wie oben beschriebene Arbeits- und Managementkultur vorleben. Das Unternehmen Sipgate GmbH demonstriert dies. Es kann nicht besser ausgedrückt werden als durch die eigene Beschreibung des Unternehmens: „Wir sind lean und agil – mit ganzem Herzen. Keine Titel, keine Manager, keine Abteilungen, keine Gehaltsverhandlungen, keine Budgets, keine Angst, keine Überstunden. Stattdessen: Selbstverantwortung, Feedback, Lernen, Freiheit und Spaß – das ist es, was uns glücklich und gleichzeitig besser macht."[25]

Selbstorganisation beruht ebenso auf Netzwerken. Weitere Eigenschaften hierzu werden in dem Werk von Hans Gerd Prodoehl aufgegriffen. Eine der Kernherausforderungen der Digitalisierung ist die wachsende Komplexität, welche sowohl durch die Literatur, als auch durch die Erkenntnisse der Interviews bestätigt wurde und von Prodoehl wie folgt dargestellt wird. „Strategische Unternehmensführung im 21. Jahrhundert bedeutet im Kern Steuerung des sozialen Systems Unternehmen in einer Systemumwelt, die auf eine qualitativ neuartige Weise komplex und unsicher geworden ist und deren Komplexität vice versa auch die Komplexität des Systems Unternehmen potenziert."[26] Sein Werk über das synaptische Management beschreibt einen Lösungsversuch, um diese Komplexität durch den Aufbau verschiedener Netzwerkstrukturen zu reduzieren und somit managen zu können. „Synaptisches Management besteht darin, … ein Dynamisierungs-Projekt aufzusetzen und durchzusetzen, das die systematische und kontrollierte Durchführung eines umfassenden Sets an Maßnahmen für das Management der Umweltvernetzung, der Binnenvernetzung, der Kontingenz, der Temporalisierung und der Heterarchie[27] beinhaltet."[28] Bezogen auf die Aufbauorganisation ähnelt die

---

[25]sipgate GmbH (2017, o. S.).

[26]Prodoehl (2014, S. 7).

[27]Anmerkung der Verfasser: Heterarchie bedeutet im Gegensatz zur Hierarchie, dass es keine Über- und Unterordnungsverhältnisse gibt, sondern ein Prinzip der Gleichberechtigung herrscht.

[28]Prodoehl (2014, S. 221 f.).

Vorgehensweise der von Kotter. Das Fazit, bezogen auf die These der Arbeit ist, dass Selbstorganisation einhergehend mit Netzwerkstrukturen eine essenzielle Eigenschaft agilen Managements ist. Ein weiteres Modell, welches Netzwerke neu definiert wird im folgenden Kapitel erläutert.

4.3   Das Modell der Holokratie

If everyone had to think outside the box, maybe it was the box that needs fixing.[29]

Die bisher dargestellten agilen Strukturen für ein Unternehmen schluss-folgern eine Bewusstseinsveränderung als notwendig für erfolgreiche Unter-nehmen. Diese Mind-Set Veränderung, welche mit „über den Tellerrand hinausschauen" beschrieben wird kann allerdings noch erweitert werden. Das Zitat von Malcolm Gladwell zeigt, dass Holokratie diesen Schritt geht und eine völlige Neuorientierung bei der Strukturierung einer Organisatin und deren Führungs-Philosophie vorsieht. Holokratie, welche durch Brian J. Robertson im Jahr 2015 eingeführt wurde und worauf die nachfolgenden Ausführungen basie-ren, spricht nicht von parallelen Organisationen oder einer Change-Management Methode. Das Modell sieht vor, dass sich eine Struktur nicht neu finden muss, um danach zu funktionieren, sondern es muss eine Organisation geschaffen werden, welche sich dynamisch anpassen kann. Eine „dynamic governance". Kontinuierlich wird das Unternehmen verändert und alle Mitarbeiter und Unter-nehmensteile werden dabei einbezogen. Entscheidungen werden nicht nach Hier-archien getroffen. Die Entscheidungsgewalt wird somit nicht bei Führungskräften gebündelt, denen eine Position gehört und die einer Abteilung vorstehen. Posi-tionen und Titel werden bei Holacracy genauso aus der Organisation verbannt wie starre Abteilungen. Um Entscheidungsblockaden zu vermeiden, werden neue Rollen geschaffen, die direkte Entscheidungsgewalt erhalten. Die Struktur wird in „Circles" aufgebaut, in welchen verschiedene Rollen definiert werden.

Robertson schließt eine Analogie zum menschlichen Körper. Jede Zelle im Körper ist relevant und alle Organe bestehen aus diesen Zellen. Organsysteme bestehen aus mehreren Organen und der Körper ist das große Ganze, bestehend aus allen Zellen, welche unterschiedlich zusammengesetzt sind und verschiedene Funktionen erfüllen. Ein hierarchischer Prozess wäre wie ein Körper, der jedes

---

[29]Robertson (2015, S. 3).

Signal erst an die zentrale Stelle senden würde und warten müsste, bis der Mensch eine Entscheidung trifft, anstelle von automatischen Prozessen, die eine direkte Handlung zur Folge hätte. Ein Körper mit einem solch zentralgesteuerten System würde nicht überleben können.

Holokratie distanziert sich von klassischen Job-Beschreibungen. Vielmehr können die Mitarbeiter Profile entwickeln, welche je nach benötigten Skills in den entsprechenden definierten Rollen eingesetzt werden. Bereichsgrenzen werden aufgebrochen und Berichtslinien eliminiert, da diese in Kreisorganisationen nicht mehr benötigt werden. So findet immerfort eine dezentrale Organisationsentwicklung statt, die einen evolutionären Charakter besitzt. Ein solches System verlangt eine extrem hohe mentale Flexibilität und die Fähigkeit mit Unsicherheit und Ergebnisoffenheit umgehen zu können. Zusätzlich geht mit diesem System eine deutlich stärkere Verantwortung eines jeden Einzelnen einher.[30] Daher ist es als Unternehmen wichtig, von einem schwarz-weiß Denken Abstand zu nehmen. Möglicherweise ist dieses System in großen Konzernen nicht vollständig adaptierbar, für einzelne Bereiche oder Produkte kann es jedoch sinnvoll sein. Dies muss jedes Unternehmen für sich entscheiden und im besten Fall in der Praxis erproben.

Die Kernerkenntnis jedoch, welche auch als Empfehlung verstanden werden sollte, ist, dass auch Holokratie die Notwendigkeit aufzeigt, dass klassische Modelle überdacht werden, sie sogar gänzlich abgeschafft werden müssen. In welchem Umfang oder welcher Vollständigkeit ein holokratisches System eingeführt werden muss, ist zunächst zweitrangig. Die notwendige Aufgabe eines jeden Unternehmens ist es, neue Methoden zu testen und zu bewerten. Vorabanalysen sind meist subjektiv beeinflusst durch die Beteiligten, welche mit Veränderungen ihrer eigenen Person umgehen müssen. Hier sind demokratische Entscheidungen für oder gegen neue Modelle der beste Weg.

---

[30]Vgl. Robertson (2015, S. 3 ff.).

Erkenntnisse im Spannungsfeld von Digitalisierung und agilem Management

5

Im Rahmen einer wissenschaftlichen Arbeit wurde eine qualitative Inhaltsanalyse nach den Grundsätzen der empirischen Sozialforschung durchgeführt. Im Mittelpunkt stehen dabei sechs persönlich geführte Experteninterviews.[1]

Die Auswertung erfolgte nach den Leitlinien von Philipp Mayring und verfolgte das Ziel, den Erkenntnisgewinn zu erhöhen sowie die bisherigen, überwiegend auf theoretischer Basis fundierten, Ausarbeitungen sinnvoll zu ergänzen.[2]

Das Ziel bei der Auswahl von geeigneten Interviewpartnern war, dass die Probanden einen möglichst hohen praktischen Erkenntnisgewinn zu den im theoretischen Teil analysierten und diskutierten Themen beitragen können. Dabei sind folgende sechs Aspekte herauszustellen, die erfüllt sein mussten.

1. Die Person arbeitet in der Bankenbranche oder einer korrespondierenden Beratungsfirma und hat einen überdurchschnittlich hohen Bezug zur digitalen Transformation
2. Die Person hat mehrjährige Erfahrung mit Veränderungsprozessen
3. Die Person hat den höchsten hierarchischen Titel im betreffenden Unternehmen
4. Die Person hat eine Führungsspanne von über 100 internen sowie externen Mitarbeitern
5. Die Person hat Erfahrungen in Bezug auf die Zusammenarbeit mit FinTechs
6. Die Person verantwortet einen Unternehmensbereich, in welchem Produkte oder Prozesse mit agilen Methoden entwickelt werden

---

[1]Vgl. Fuchs (2017, S. 54 ff.).
[2]Vgl. Mayring (2000, S. 468 ff.); Mayring (2015, S. 50 ff.).

© Springer Fachmedien Wiesbaden GmbH, ein Teil von Springer Nature 2018
M. Deeken und T. Fuchs, *Agiles Management als Antwort auf die Herausforderungen der Digitalisierung*, essentials,
https://doi.org/10.1007/978-3-658-22706-7_5

5.1 Erkenntnisse im Bereich Veränderungsmanagement

Insbesondere das Mind-Set, welches wie anfangs erläutert auch eine Anforderung an das strategische Management darstellt, wird mehrmals im Zusammenhang mit Agilität genannt. Ebenso wird auf die Notwendigkeit des Hierarchieabbaus hingewiesen, wobei sich die Interviewten selbst miteinbeziehen. Ein weiterer Aspekt ist die Differenzierung zwischen der Methodik, welche vorwiegend mit Scrum o. ä. in Verbindung gebracht wird, aber auch der Hinweis, dass die Methodik des operativen Managements explizit auf die Arbeitsweise des strategischen oder normativen Managements adaptiert werden kann. Die Kernerkenntnisse zeigen, dass Agilität die Basis für ein erfolgreiches Veränderungsmanagement bildet.

Ein Großteil der Experten ist der Meinung, dass Changemanagement kein neues Thema im Rahmen der Digitalisierung ist. Diese Aussage wurde auch durch die theoretische Herleitung untermauert. Lewin entwickelte bereits 1947 das erste Konzept zu dem Thema Changemanagement. Die Kernaussage jedoch ist, dass der Change-Prozess, nicht mehr wie im Modell von Lewin, einen abgeschlossenen Zeitraum darstellt, sondern im Rahmen der Digitalisierung ein kontinuierlicher Begleiter ist und als ‚the new normal' betrachtet wird. 80 % der befragten Personen waren dieser Meinung. Die analysierte Situation in Bezug auf den Wandel zweiter Ordnung welcher durch die disruptive Innovation, die nötige Innovationskraft, den Bewusstseinswandel und die Parallelen zu bisherigen Revolutionen definiert wird, wurde durch die Interviews bestätigt. Doch die Menschen denken überwiegend in linearen Mustern, weshalb die exponentiellen Entwicklungen von größter Herausforderung sind, die nur mit dem entsprechenden Mind-Set und der notwendigen Veränderungsgeschwindigkeit bewältigt werden können.

Die Bankenbranche steht an einem Wendepunkt. In der sogenannten ‚hockey stick'-Metapher befinden wir uns am Übergang in die steile Kurve. Das bedeutet, dass an dieser Stelle die Geschwindigkeitszunahme im Fokus stehen muss. Wenn eine Bank sich normativ und strategisch noch nicht optimal positioniert hat, sind die Herausforderungen jetzt sehr groß. Die sich aus der exponentiellen Entwicklung ergebenden Chancen müssen genutzt werden, um weiterhin relevant zu bleiben, so die mehrheitliche Meinung der Experten. Mit der genannten exponentiellen Entwicklung steigt jedoch auch die Komplexität, denn die Vernetzung treibt dies voran.

Die praktischen Erkenntnisse zeigen, dass eine hinreichende Veränderungsgeschwindigkeit nötig ist, um die steigende Komplexität zu managen. Dabei sind Eigenschaften wie Agilität sowie ein kontinuierliches Changemanagement essenziell. Agiles Management kann dies leisten, denn durch iterative Prozesse wird die nur bedingt antizipierbare exponentielle Entwicklung in ihrer Komplexität reduziert.

5.2   Erkenntnisse im Bereich Innovationsbereitschaft

Die in diesem Zusammenhang herbeigezogene Studie des Bundesfinanzministeriums aus dem Jahr 2016 bestätigt, dass FinTechs keine Bedrohung für die Bankenbranche darstellen. Die Einstellung dazu hat sich in den letzten zwei Jahren sehr verändert. Diese Ergebnisse können durch die Reaktionen der Interviewpartner gestützt werden. Neben sehr positiven Reaktionen in Bezug auf die bereits erfolgreiche Zusammenarbeit wurde auch die Insolvenz vieler FinTechs prognostiziert, sofern sie keine etablierten Unternehmen finden, mit denen sie kooperieren können. Eine hierarchiearmen Führungskultur stellt eine vorteilhafte Situation dar, um schnell und innovativ bzw. disruptiv zu sein. Die Fähigkeit der Fokussierung wird mehrheitlich als Eigenschaft genannt, die es zu adaptieren gilt. Zusammenfassend müssen vor allem weitere Fähigkeiten in Bezug auf die Unternehmenskultur adaptiert werden, um die Innovationsbereitschaft in einem Unternehmen zu stärken. Die ersten „agilen Nester" müssen hierzu auf das Unternehmen übertragen werden, da sie bereits eine erfolgreiche agile Methodik praktizieren. Ein weiteres Kernergebnis ist, dass die Herausforderung aufgrund der kognitiven Dissonanz deutlich erkennbar ist. Das Thema Digitalisierung muss mit Offenheit, Transparenz und dialogischem Austausch behandelt werden, um retardierende Kräfte zu minimieren. Vor allem die Weiterbildung und die Aneignung von technologischem Verständnis wird ein essenzieller Aspekt sein, um als Unternehmen, aber auch als Mitarbeiter bzw. Manager erfolgreich sein zu können. Die Job-Disruption wird nicht nur auf der operativen Ebene stattfinden. Die von Kotter beschriebene duale Struktur muss von mind. 10 % der internen Belegschaft unterstützt werden. Die Erkenntnis aus der Forderung nach lebenslangem Lernen ist, dass die Anforderungen an einen einzelnen Mitarbeiter stark steigen werden. Neue Job-Profile oder eine Loslösung von starren Stellenprofilen und Berichtslinien könnte ein neues, erfolgreiches Modell sein. Dies ist eine Herausforderung, bei der überwiegend Leadership-Skills gefragt sind, um den Mitarbeitern die Chancen aufzuzeigen, die im Rahmen eines Innovationsprozesses entstehen.

5.3   Erkenntnisse im Bereich Unternehmensorganisation

Es können vier Kernerkenntnisse in Bezug auf die Unternehmensorganisation zusammengefasst werden: Erstens müssen Führungskräfte ihr Skill-Set vom Entscheider und Kontrolleur zum Befähiger und Visionär wandeln. Die Beschreibung des Chief Engagement Officers ist hierfür passend. Zweitens muss das Mind-Set durch den Ausbau des technologischen Verständnisses dahin gehend ausgerichtet werden, dass die Chancen der Digitalisierung anstelle von Bedrohungen gesehen werden. Drittens muss das Unternehmen so aufgebaut sein, dass die Management-Fähigkeiten einerseits für das laufende Standardgeschäft genutzt werden kann und andererseits die Leadership-Fähigkeiten für die Innovationskraft des Unternehmens eingesetzt werden können. Das duale System von Kotter beschreibt eine solche Doppelbesetzung. Die vierte Kernerkenntnis ist, dass trotz der Freiheiten in einer Leadership-Kultur klare Rahmenbedingungen und Regeln geschaffen werden müssen. In Krisensituationen wie beispielsweise einem Systemausfall, müssen wenige Personen weiterhin die übergreifende Entscheidungsbefugnis für die Organisation(-seinheit) haben.

5.4   Erkenntnisse zur gegenwärtigen Situation der Bankenbranche

Trotz der allgemeinen positiven Grundstimmung in Bezug auf die Fortschritte, aus Sicht der Interviewten, bemängelt die Hälfte der befragten Personen, dass viele Menschen in der Branche über agiles Management reden, aber tatsächlich nur wenige die richtigen Taten folgen lassen. Das meistgenannte Hindernis ist das fehlende Technologieverständnis in unterschiedlichen Ausprägungen auf der Managementebene. Die dadurch entstehende Beharrungssituation blockiert die digitale Transformation zu einem agilen Management. Neben der Managementebene sind explizit die Kontrollfunktionen hervorzuheben, die in vielen Situationen dafür verantwortlich sind, dass Innovationen deutlich mehr Zeit in Anspruch nehmen, bis sie auf den Markt gebracht werden können.

Die These, dass durch Agilität eine Planungsunsicherheit entsteht ist weit verbreitet. Planungsunsicherheit entsteht jedoch nicht durch Agilität, sondern aufgrund der Planungsunsicherheit, bedingt durch ‚VUCA-Times‘ muss Agilität verinnerlicht und müssen agile Methoden genutzt werden. Darüber hinaus heißt Agilität nicht, dass nicht mehr geplant wird, sondern, dass in kürzeren Zyklen geplant wird. Bspw. nutzt Scrum täglich 15 min, um den Tag zu planen. Der Fokus liegt auf der Iteration. Ergänzend dazu ist das beste Mittel gegen Unsicherheit, den Anspruch abzulegen, dass für eine Entscheidung eine vollumfängliche Informationslage vorliegen muss. Die Intuition sowie der Mut zur Entscheidung unter Unsicherheit müssen verstärkt genutzt werden, aber auch auf normativer und strategischer Ebene befähigt werden. Der Drang zu sogenannten Minimal

Viable Products[3] und zu einer stärkeren Fehlerkultur gibt erste konkrete Hinweise auf einen Wandel des Mind-Sets bei den Führungskräften.

Die aktuellen Grenzen beziehen sich dabei einerseits auf die Herausforderung der Skalierbarkeit und andererseits auf die Notwendigkeit einer klaren Vision sowie einer Digitalisierungsstrategie. Das Thema Skalierbarkeit wird von anderen IT-Unternehmen erforscht. Das Modell von Tribes, Guilds und Co., welches bei Spotify eingesetzt wird, kann eine erste Lösung darstellen. Die Begleitung durch die strategische Ausrichtung bestätigt in vollständiger Weise die Interpretation von agilem Management der Autoren und untermauert die theoretische Fundierung. Agilität muss eine unternehmensweite Einstellung, ein Mind-Set sein, damit alle Potenziale ausgeschöpft werden können. Dabei müssen sowohl das normative, das strategische als auch das operative Management zusammenarbeiten. Eine weitere Grenze wird mit den regulatorischen Anforderungen in Verbindung gebracht. Dies macht deutlich, dass große Institute einen klaren Nachteil ggü. FinTechs haben, die aufgrund ihrer Größe weniger unter Beobachtung der Regulatoren stehen. Auf der anderen Seite ist es auch ein Vorteil, denn die Expertise auf diesem Gebiet stellt ein Alleinstellungsmerkmal in diesem Sektor dar. Sobald FinTechs größer werden, begegnen sie ähnlichen Herausforderungen und müssen demnach auf die Kooperation mit Instituten hoffen, die eine solche Expertise einbringen können bzw. die Expertise einkaufen, wodurch die geringen Margen weiter unter Druck geraten.

Die letzte allgemeine Frage der Experteninterviews wiederholt die These der Problemstellung. Damit wird ein abschließendes Fazit der praktischen Erkenntnisse ermöglicht, welches sowohl die theoretische Fundierung als auch die praktischen Erkenntnisse vereint.

Das Ergebnis ist vergleichsweise eindeutig: Alle interviewten Personen sehen im agilen Management eine Antwort auf die Herausforderungen der Digitalisierung (s. Abb. 5.1). Allerdings herrscht die Einschätzung, dass es lediglich eine Teilantwort ist und nicht die einzige Antwort. Durch die Experteninterviews konnte bestätigt werden, dass die Herausforderung zur Sicherstellung einer hinreichenden Veränderungsgeschwindigkeit mithilfe von agilen Methoden bewältigt werden kann. Darüber hinaus wurde bestätigt, dass agile Methoden, aber auch ein agiles Mind-Set dazu beitragen, mit Komplexität umgehen zu können. Die

---

[3]Anmerkung der Verfasser: Ein Minimal Viable Product ist eine Entwicklungsstufe eines Produktes, welches minimale Anforderungen und Eigenschaften des Zielprodukts aufweist, dabei jedoch bereits als vermarktbar ggü. der Kunden eingestuft ist und somit maximale Schnelligkeit erzeugt werden soll.

Ist agiles Management die Antwort auf Herausforderungen der Digitalisierung?	
	Anteil Antworten
Agiles Management ist eine Teilantwort	100%
Die Rahmenbedingungen müssen an die agile Entwicklung bis ins Top-Management angepasst und verinnerlicht werden	80%
Bezogen auf die Entwicklung müssen hierfür neben Scrum weitere Methoden wie Design-Thinking eingesetzt werden	40%
Neben dem neuen Managementstil müssen auch die IT-Architekturen grundlegend überarbeitet werden. Vor allem im Banken- und Versicherungsbereich	40%
Die Methode muss noch bessere Antworten für die Skalierbarkeit liefern	20%
Die Eigenschaften von Leadership müssen stärker integriert werden	20%
Externe Partner, die Plattform-Ökonomie sowie ein besseres Datenverständnis gehören ebenso dazu	20%
Das Ziel ist dann erreicht, wenn wir nicht mehr über Agilität reden, sondern es selbstverständlich wurde	20%
Es ist nicht nur für die Digitalisierung eine Antwort, auch zur Gewinnung von jungen Nachwuchstalenten, die das fordern	20%

Abb. 5.1 Agiles Management als Antwort. (Quelle: eigene Darstellung)

exponentielle Entwicklung, welche die Komplexität erhöht, kann durch die richtige Einstellung bei Mitarbeitern und Führungskräften zur Agilität als Chance erkannt werden. So kann das Potenzial eines Unternehmens genutzt werden. Ein weiteres Ergebnis der obigen Auswertung zeigt, dass die Schaffung von agilen Rahmenbedingungen eine Antwort auf die Herausforderungen der Digitalisierung darstellt. Die Kernerkenntnis bzgl. der Unternehmensorganisation zeigt viele Parallelen zu den Erkenntnissen von Kotter. Die Idee der dualen Struktur kann ein erfolgreicher agiler Organisationsaufbau sein.

Die Antwort der Experten basiert in Summe auf drei Aspekten. Agiles Management wurde in den Interviews verstärkt als Methode verstanden und weniger als Befähigung des normativen und strategischen Managements zur Umsetzung im operativen Bereich. Der zweite Aspekt ist, dass die grundlegende Neuausrichtung der IT-Infrastruktur über die Eigenschaften von Schnelligkeit und Flexibilität hinausgehen. Vor allem die Ertragskalkulation durch Investitionen wird im Rahmen agilen Managements nicht beleuchtet. Der dritte Aspekt ist, dass agiles Management als Antwort gesehen wird, der Weg dahin jedoch von vielen

Hindernisse geprägt ist. Vor allem das Beharrungsvermögen von Managern ist ein wichtiger Aspekt. Das sich dieses verändern muss, wird bestätigt. Die Methode zur Erreichung dieser Veränderung wird durch agiles Management nicht vollständig abgedeckt. Neben der Transparenz, der engen Begleitung, der Vorbildfunktion des Top-Managements ist auch die Personalstrategie an sich gefordert und muss intensive Weiterbildungsmaßnahmen etablieren.

Fazit und Ausblick

6

Agiles Management ist Methodenkompetenz und zugleich ein Mind-Set, welches die notwendige Flexibilität und Geschwindigkeit für das Unternehmen und jeden Mitarbeiter schafft, um auf operativer und strategischer Ebene die normativen Ziele erfolgreich umsetzen zu können.

6.1 Chancen und Grenzen des agilen Managements

Aufbauend auf dieser Defintion wurden weitere Eigenschaften für agiles Management im Verlauf der Arbeit festgestellt. Vor allem stellt agiles Management auch eine Veränderung in der Unternehmensstruktur dar. Weitere explizit zu nennende Eigenschaften sind Selbstorganisation, Kontrollabgabe der Führungskräfte, Entscheidungsbefugnisse an der Basis sowie Vertrauensarbeit.

Agiles Management generiert drei Kernchancen:

- Agiles Management baut in einem Unternehmen eine Veränderungsgeschwindigkeit auf, die es ermöglicht, die Chancen des exponentiellen Wachstums zu nutzen. Dafür werden Strukturen geschaffen, die eine flexible Ressourcenallokation zulassen, um auf die Veränderungen des Unternehmensumfelds rechtzeitig reagieren zu können.
- Agiles Management schafft die Erkenntnis, dass die Gemeinschaft intelligenter und besser ist als der Einzelne, wodurch eine hohe Innovationsbereitschaft in komplexen Situationen aufgebaut wird. Das Unternehmen wird in die Lage versetzt, im Rahmen des Wandels erster Ordnung Innovationen zu entwickeln und damit das Standardgeschäft erfolgreich abwickeln zu können. Zusätzlich wird die Chance generiert die Entwicklungen eines Wandels zweiter Ordnung,

M. Deeken und T. Fuchs, *Agiles Management als Antwort auf die Herausforderungen der Digitalisierung*, essentials, https://doi.org/10.1007/978-3-658-22706-7_6

also eines disruptiven Wandels, selbst zu gestalten und ein Vorreiter auf dem Markt zu sein.

- Agiles Management etabliert in einem Unternehmen ein Mind-Set, dass die Chance hat, eine Unternehmenskultur zu festigen, die Agilität als Selbstverständlichkeit in jeden Arbeitsschritt innerhalb und außerhalb des Unternehmens implementiert. Dazu zählt ebenso, dass ein digitales Ökosystem von der Kooperation mit externen Unternehmen lebt, wodurch ebenfalls die Innovationskraft des Unternehmens erhöht wird.

Neben den Chancen des agilen Managements konnten auch Grenzen identifiziert werden, die in drei Kernaspekte zusammengefasst werden:

- Agiles Management maximiert die Veränderungsgeschwindigkeit. Dieser Aspekt ist neben der Chance auch gleichzeitig eine Limitation. Wie agiles Management vorschreibt, steht der Mensch im Mittelpunkt des Handels. Daher ist die Grenze der Geschwindigkeit dann erreicht, wenn ein unverhältnismäßiges Maß an Mehraufwand entsteht oder die Mitarbeiter sich überfordert sowie überrannt fühlen. Ein Wandel stößt immer auf retardierende Kräfte, auch wenn agiles Management durch die Mind-Set Anpassung diesen entgegenwirkt. Die Menschen müssen auf den Weg mitgenommen werden, denn ohne diese bleibt auch die höchste Veränderungsgeschwindigkeit erfolglos.
- Agiles Management verlangt ein hohes Maß an Vertrauen aller Mitarbeiter untereinander. Dieses Vertrauen bietet immer Raum zum Missbrauch, weshalb dieser Raum entsprechend minimiert werden muss. Im Rahmen eines dualen Systems, durch eine Kontrollinstanz im hierarchisch strukturierten System, kann dies erfolgen. Alternativ schreibt das Selbstorganisationsprinzip vor, dass Fehlverhalten durch die Masse aufgedeckt wird und sich schließlich selbst heilt.
- Letztendlich wird agiles Management immer durch externe Faktoren limitiert. Diese externen Faktoren sind die Regulierung, die Politik, das Marktumfeld, aber auch die Inhaber eines Unternehmens. Interne Abteilungen wie die Kontrollfunktionen oder die Betriebsräte können ebenfalls limitierend wirken, was jedoch nicht als negative Limitation deklariert werden muss.

Das folgende Kapitel nennt die Kernaspekte der Implikationen auf die Bankenbranche durch die Etablierung des agilen Managements.

6.2 Implikationen auf die Bankenbranche

Agiles Management beschreibt mehrere Maßnahmen, die direkten Einfluss auf die Bankenbranche haben. Diese sollen an dieser Stelle reflektiert und zusammenfassend dargestellt werden:

- Agiles Management befähigt Banken dazu, eine Unternehmenskultur zu adaptieren, die denen von FinTechs gleicht. Die Implikation ist ein fundamentaler Wandel von organisatorischen und strukturellen Gegebenheiten sowie eine vollständig veränderte Arbeitsphilosophie im Vergleich zu klassischen Modellen. Dabei ist es wichtig, dass Banken ihre eigenen Wettbewerbsvorteile nicht verlieren. Dazu zählt der Aspekt der Sicherheit sowie die intakte Vertrauensbasis gegenüber den Kunden. Diese Vorteile müssen Banken weiterhin nutzen, um die Attraktivität am Markt und für Kooperationen mit FinTechs und anderen Technologieunternehmen aufrechtzuerhalten.
- Agiles Management erhöht die Innovationsbereitschaft. Im Verlauf der Erarbeitung und im Rahmen der Interviews wurde deutlich, dass das Thema Forschung und Entwicklung selten ein Diskussionsthema bei Banken darstellt. Eine Adaption von Ideen durch Kooperation bedeutet für die Zukunft lediglich, dass sich das Unternehmen an den Wandel anpasst. Eine tatsächliche eigene Forschungs- und Entwicklungsaktivität ermöglicht jedoch, den Wandel selbst zu gestalten.

Dies erfolgt nicht immer daraus, dass man das umsetzt, was Kunden sich direkt wünschen. Ein Zitat von Henry Ford verdeutlicht diesen Aspekt wie folgt:

> Wenn ich die Menschen gefragt hätte, was sie wollen,
> hätten sie gesagt: schnellere Pferde[1]

Eine Möglichkeit dieses Ergebnis zu optimieren liegt in der Art der Fragetechnik bzw. der Fähigkeit, die Antwort holistischer darzulegen, indem Kreativität aus der oben genannten F&E Aktivität genutzt wird. Die Schlussfolgerung aus der Antwort der von Henry Ford angesprochenen Kunde ist, dass sie schneller von A nach B kommen wollen. Die Aufgabe eines innovativen Unternehmens ist es, dies herauszufinden und die Idee des Pferdes weiterzuentwickeln zu einem Produkt

---

[1]Brandes et al. (2014, S. 61).

oder Service, der dies für den Kunden erfüllen kann. In diesem Fall kein Pferd sondern ein Automobil. Auf die Bankenbranche adaptiert ist die Kernaussage, dass die Kunden intensiv und strukturiert nach Ihren Bedürfnissen befragt werden müssen, die Innovation daraus, jedoch Aufgabe des jeweiligen Unternehmens ist.

• Agiles Management verlangt eine agile Infrastruktur. Dies hat gerade bei größeren Banken eine herausfordernde Implikation auf die IT. Im Gegensatz zu jungen Start-ups, die ihre IT-Struktur neu aufbauen, müssen bei bestehenden Unternehmen die historisch gewachsenen Strukturen verändert werden. Vor allem ein Wandel der IT ist sehr kostspielig und daher eine der größten Implikationen als Folge des agilen Managements für die Bankenbranche.

6.3   Ausblick

In deskriptiver als auch präskriptiver Weise konnte gezeigt werden, dass Agilität im hier verstandenen Sinne Antworten liefert auf die Herausforderungen der Digitalisierung. Man sollte in diesem Zusammenhang allerdings darauf hinweisen, dass Agilität kein Managementtool ist, welches sich gleichsam ad-hoc einsetzen lässt wie ein Schmerzmittel zur Linderung unternehmensbedingter Probleme. Vielmehr ist Agilität eine Eigenschaft, ein Eigenschaftsraum, der im Unternehmen entstehen und wachsen muss. Agilität ist somit eine tendenziell immaterielle Ressource, die ein Unternehmen gezielt aufbauen muss, um die jeweilige Situation bewerten und entsprechende Handlungen instinktiv richtig ableiten zu können. Eine besondere Bedeutung kommt dabei der Konvergenz individueller Handlungen zu einem kollektiven Handeln der Organisation(-seinheit) zu.

Greifen wir nochmals zurück auf die Jahre 1990 fortfolgend: da gab es eine noch blühende Bankenlandschaft mit den Landesbanken einerseits und den sog. Großbanken andererseits. Dies waren die Deutsche Bank als Deutschlands Primus, die Dresdner Bank, die Commerzbank, die Bayerische Vereinsbank und die Bayerische Hypotheken- und Wechselbank. Geblieben davon ist vergleichsweise wenig. Die beiden bayerischen Banken wurden fusioniert zur HypoVereinsbank und dann abverkauft an die italienischen UniCredit, die Dresdner Bank wurde über die Allianz in die heutige Commerzbank integriert und von den Landesbanken sind nur noch diejenigen übrig, die ein überlebensfähiges Geschäftsmodell haben. Man muss annehmen, dass in keiner der hier genannten Banken Agilität eine wesentliche Rolle gespielt hat. Und auch heute, im Zeitalter der Digitalisierung, sind agile Denkmuster nicht ausreichend verankert. Zwar wird von Agilität gesprochen, aber wohl zu wenig danach gehandelt. Dies entspricht der klassischen Vorgehensweise von Beratungsunternehmen, die ihren Mandanten gerne ein Rezept aufschreiben, aber den Behandlungsplan vergessen.

Was könnte ein geeignetes Messinstrument sein, um den Grad der Agilität von Banken zu beurteilen? Mit einem empirischen Grundverständnis kommt man relativ schnell auf den Aktienkurs des Unternehmens. Hier spiegelt der Markt wider, welchen ressourcenbezogenen Wert er dem Unternehmen beimisst. Zieht man alle materiellen Ressourcen ab, verbleiben die immateriellen. Unter diesen wäre nach unserer Logik Agilität zu finden. Nehmen wir einen kurzen Blick auf die Aktienkurse und die Entwicklung des DAX innerhalb der letzten 10 Jahre. Der DAX ist um knapp 90 % gestiegen. Die Commerzbank um ca. 90 % gefallen und die Deutsche Bank liegt bei minus 80 %. Da fällt einem das Zitat von Ulrich Cartilleri ein, der als Vorstand der Deutschen Bank voraussagte, dass die Banken die Stahlkrise der neunziger Jahre würden. Sie kam zwar etwas später, aber sie kam, wie wir alle wissen.

Was ist in einer solchen Situation zu erwarten? Eine Möglichkeit könnte vonseiten des Staates angestoßen werden: die finale Fusion der beiden letzten Großbanken in Deutschland, um eine überlebensfähige internationale Bank in Deutschland zu haben. Die zweite Variante wäre eine ausländische Übernahme. Schon länger kaufen die Chinesen Aktien der Commerzbank und der Deutschen Bank. Die dritte Möglichkeit wäre der Versuch, mit eigenständigen Geschäftsmodellen zu überleben. Dies würde allerdings voraussetzen, dass in den jeweiligen Häusern Agilität Einzug hält – und zwar so wie in diesem Beitrag beschrieben.

Was Sie aus diesem *essential* mitnehmen können

- Agiles Management ist eine spezifische Methodenkompetenz und zugleich ein Mind-Set, welches für die heutige Bankenlandschaft ein unabdingbarer Erfolgsfaktor ist.
- Die Zunahme der Veränderungsgeschwindigkeit in Zusammenhang mit einer steigenden Komplexität und einer exponentiellen technologischen Entwicklung determiniert dieses Mind-Set ständig neu.
- Psychologische Faktoren sind in alle Überlegungen bei strukturellen Veränderungen des Unternehmens und dessen Umwelt mit einzubeziehen.
- FinTechs werden bei deutschen Banken und Sparkassen tendenziell als Kooperationspartner gesehen, weniger als Konkurrenz. Diese kommt vielmehr aus den USA in Form von GAFA et al.
- Agiles Management kann eine Chance sein, um dieser Konkurrenz zu begegnen, und somit den Wandel selbst mitzugestalten.

© Springer Fachmedien Wiesbaden GmbH, ein Teil von Springer Nature 2018   45
M. Deeken und T. Fuchs, *Agiles Management als Antwort auf die Herausforderungen der Digitalisierung*, essentials,
https://doi.org/10.1007/978-3-658-22706-7

Literatur

Anderson, K., & Uhlig, J. (2015). *Das agile Unternehmen – Wie Organisationen sich neu erfinden*. Frankfurt a. M.: Campus.

Appelo, J. (2011). *Management 3.0: Leading agile developers, developing agile leaders*. Boston: Pearson Education.

Baecker, D. (2015). *Postheroische Führung: Vom Rechnen mit Komplexität – Essentials*. Wiesbaden: Springer Fachmedien.

Börsen-Zeitung. (14. Dezember 2016). In der Digitalfabrik wird Innovation in Serie produziert. *Börsen-Zeitung, 241*, 5–7.

Bower, J. L., & Christensen, C. M. (1995). Disruptive technologies: Catching the wave. *Harvard Business Review, 73*(1), 43–53.

Brandes, U., Gemmer, P., Koschek, H., & Schültken, L. (2014). *Management Y*. Frankfurt a. M.: Campus.

Brynjolfsson, E., & McAfee, A. (2014). *The second machine age*. Kulmbach: Börsenmedien AG.

Caputo, A. (2014). Relevant information, personality traits and anchoring effect. *International Journal of Management and Decision Making, 13*(1), 62–76.

Christensen, C., & Raynor, M. (2013). *The innovator's solution: Creating and sustaining successful growth*. Boston: Harvard Business Review Press.

Connolly, M., & Rianoshek, R. (2002). *The communication catalyst: The fast (but not stupid) track to value for customers, investors, and employees*. o.O: Dearborn Trade Publishing.

Drucker, P. F. (1999). *Management im 21. Jahrhundert*. München: Verlagshaus Goethestraße GmbH & Co. KG.

Eberhardt, D., & Majkovic, A.-L. (2015). *Die Zukunft der Führung – Eine explorative Studie zu den Führungsherausforderungen von morgen*. Wiesbaden: Springer Fachmedien.

Festinger, L. (1970). *A theory of cognitive dissonance* (2. Aufl.). Stanford: Stanford University Press.

Festinger, L. (2012). *Theorie der kognitiven Dissonanz* (2. Aufl.). Bern: Huber.

Fuchs. T. (2017). (unveröffentlichte Master-Thesis), *Agiles Management als Antwort auf die Herausforderungen der Digitalisierung – Theorie und praktische Erkenntnisse mit Fokus auf die Bankenbranche*, Mannheim

© Springer Fachmedien Wiesbaden GmbH, ein Teil von Springer Nature 2018
M. Deeken und T. Fuchs, *Agiles Management als Antwort auf die Herausforderungen der Digitalisierung*, essentials,
https://doi.org/10.1007/978-3-658-22706-7

Geschwill, R., & Nieswandt, M. (2016). *Laterales Management – Das Erfolgsprinzip für Unternehmen im digitalen Zeitalter*. Wiesbaden: Springer.

Hinz, O. (8. April 2010). Nach den Helden – Wirksames Projektmanagement ist postheroisch. *ChangeX*, 1–6.

Hruby, J., & Hanke, T. (2014). *Mindsets für das Management – Überblick und Bedeutung für Unternehmen und Organisationen*. Wiesbaden: Springer Gabler.

Jessl, R. (2016). Ein völlig neues Spiel. *Personalmagazin, 2016*(07), 24–26.

Jung, D. W. (2008). Mit der eigenen Person überzeugen, bewegen und begeistern. In H. M. C. GmbH (Hrsg.), *Management versus Leadership* (2. Aufl., S. 37–44). Frankfurt a. M.: HLP Management Connex GmbH.

Kaltenecker, S. (2016). *Selbstorganisierte Teams führen* (Deutsche Ausgabe der 1. englischen Aufl.). Heidelberg: dpunkt.

Kollmann, T., & Schmidt, H. (2016). *Deutschland 4.0 – Wie die Digitale Transformation gelingt*. Wiesbaden: Springer Gabler.

Kotter, J. P. (2011). *Leading Change – Wie Sie Ihr Unternehmen in acht Schritten erfolgreich verändern*. München: Vahlen.

Kotter, J. P. (2012). How the most innovative companies capitalize on today's rapid-fire strategic challenges – and still make their numbers: Accelerate! *Harvard business review, 90*(11), 43–58.

Kotter, J. P. (2014). *Accelerate – Building strategic agility for a faster-moving world*. Boston: Harvard Business Review Press.

Kotter, J. P. (2015). *Accelerate*. München: Vahlen.

Krüger, W. (2009). *Excellence in Change – Wege zur strategischen Erneuerung* (4., überarbeitete und erweiterte Aufl.). Wiesbaden: Gabler, GVV Fachverlag.

Leute, D. J. (2014). *Eine neue Definition agilen Projektmanagements*. Köln: Eul.

Levy, A., & Merry, U. (1986). *Organizational transformation – Approaches, strategies, theories*. New York: Praeger.

Lewin, K. (2012). *Feldtheorie in den Sozialwissenschaften: Ausgewählte Schriften*. Bern: Huber.

Mayring, P. (2000). Qualitative Inhaltsanalyse. In U. Flick, E. von Kardorff, & I. Steinke (Hrsg.), *Qualitative Forschung – Ein Handbuch* (S. 468–474). Hamburg: Rowohlt.

Mayring, P. (2015). *Qualitative Inhaltsanalyse – Grundlagen und Techniken* (12., überarbeitete Aufl.). Weinheim: Beltz.

Perez, C. (2002). *Technological revolutions and financial capital*. Cheltenham: Elgar.

Prodoehl, H. G. (2014). *Synaptisches Management – Strategische Unternehmensführung im 21. Jahrhundert*. Springer Gabler: Wiesbaden.

Rimienė, K. (2011). Supply chain agility concept evolution (1990–2010). *Economics and Management, 16*, 892–899.

Robertson, B. J. (2015). *Holacracy: The new management system for a rapidly changing world*. New York: Holt.

Rotzinger, J., & Stoffel, M. (2015). Gelebte Demokratie. *Havard Business manager – Sonderdruck*, Juli, Issue 7.

Simon, F. B. (2015). *Einführung in die systemische Organisationstheorie* (5. Aufl.). Heidelberg: Carl-Auer.

Steiber, A., & Alänge, S. (2016). *The silicon valley model – Management for entrepreneurship*. Cham: Springer.

Vieweg, W. (2015). *Management in Komplexität und Unsicherheit: Für agile Manager – Essentials.* Wiesbaden: Springer Fachmedien.
Walter, G. F. (2016). Geschäftsmodelle von Banken in Zeiten fundamentalen Wandels. In M. Seidel (Hrsg.), *Banking & Innovation 2016* (S. 29–40). Wiesbaden: Springer Gabler.
Weinrich, U. (2016). *Lean Digitization – Digitale Transformation durch agiles Management.* Berlin: Springer Gabler.

Internetquellen

Beck, K. et al. (2001a). agile manifesto. http://agilemanifesto.org. Zugegriffen: 16. Nov. 2016.
Beck, K. et al. (2001b). agile manifesto. http://agilemanifesto.org/iso/de/principles.html. Zugegriffen: 12. Nov. 2016.
Berke, J. (2014). WirtschaftsWoche. http://www.wiwo.de/unternehmen/it/neue-markt-studie-zur-telekommunikation-der-markt-fuer-sms-bricht-zusammen/10900634.html. Zugegriffen: 31. Jan. 2017.
Bradley, J. et al. (2015). IMD (Institute for Management Development); Cisco. http://www.imd.org/uupload/IMD.WebSite/DBT/Digital_Vortex_06182015.pdf. Zugegriffen: 26. Jan. 2017.
Bundesministerium der Finanzen. (2016). Bundesministerium der Finanzen. http://www.bundesfinanzministerium.de/Content/DE/Standardartikel/Themen/Internationales_Finanzmarkt/2016-11-21-Gutachten-Langfassung.pdf?__blob=publicationFile&v=2. Zugegriffen: 25. Febr. 2017.
Capgemini Consulting. (2012). Capgemini Consulting – Digitale Revolution. https://www.de.capgemini-consulting.com/resource-file-access/resource/pdf/change_management_studie_2012_0.pdf. Zugegriffen: 11. Dez. 2016.
Capgemini Consulting. (2015). Capgemini Consulting – Superkräfte oder Superteam? https://www.de.capgemini-consulting.com/resource-file-access/resource/pdf/change-management-studie-2015_4.pdf. Zugegriffen: 11. Dez. 2016.
Danker, W. (2016). BaFin. https://www.bafin.de/SharedDocs/Veroeffentlichungen/DE/Fachartikel/2016/fa_bj_1601_fintechs.html. Zugegriffen: 25. Febr. 2017.
Dittmar, J. (2014). eStrategy – Management 3.0: Zukunftsmodell und Perspektive für Führungskräfte in modernen und agilen Organisationen? http://www.estrategy-magazin.de/management-30-zukunftsmodell-und-perspektive-fuer-fuehrungskraefte-in-modernen-und-agilen-organisationen.html. Zugegriffen: 22. Nov. 2016.
Förster, K., & Wendler, R., 2012. Theorien und Konzepte zu Agilität in Organisationen. http://nbn-resolving.de/urn:nbn:de:bsz:14-qucosa-129603. Zugegriffen: 4. Nov. 2016.
Gallup Inc. (2016). Gallup Engagement-Index. http://www.gallup.de/file/190028/Praesentation%20zum%20Gallup%20Engagement%20Index%202015.pdf. Zugegriffen: 20. Nov. 2016.
Gibbons, R. (2013). Cyert and March (1963) at fifty: A perspective from organizational economics. http://www.cepr.org/sites/default/files/events/papers/6705_GIBBONS%20-%20Cyert%20and%20March%20at%20Fifty.pdf. Zugegriffen: 29. Dez. 2016.
Groth, A. (2016a). Leadership Journal. http://www.leadershipjournal.de/aktuelles-zu-leadership/gallup-engagement-index-warum-ich-die-zahlen-bezweifle/. Zugegriffen: 12. Febr. 2017.

Groth, A. (2016b). Leadership Journal. http://www.leadershipjournal.de/aktuelles-zu-leadership/mitarbeiter-und-ihre-leistung-vier-typen-von-mitarbeitern/. Zugegriffen: 12. Febr. 2017.

Hauser, F., Schubert, A., & Aicher, M. (2008). Bundesministerium für Arbeit und Soziales. http://www.bmas.de/SharedDocs/Downloads/DE/PDF-Publikationen/forschungsbericht-f371.pdf?__blob=publicationFile&v=2. Zugegriffen: 12. Febr. 2017.

Kestel, C. (2015). Harvard Business Manager. http://www.harvardbusinessmanager.de/blogs/gallup-index-mitarbeiterbindung-steigt-a-1022614.html. Zugegriffen: 20. Nov. 2016.

Schmiechen, F. (2017). Gründerszene. https://www.gruenderszene.de/allgemein/dwins-finanzguru-hintergrund. Zugegriffen: 20. März 2018.

sipgate GmbH. (2017). sipgate. https://www.sipgate.de/hacking-work.html. Zugegriffen: 14. Febr. 2017.

Skan, J., Dickerson, J., & Masood, S. (2015). Accenture. http://www.fintechinnovationlablondon.co.uk/media/730274/Accenture-The-Future-of-Fintech-and-Banking-digitally-disrupted-or-reima-.pdf. Zugegriffen: 27. Dez. 2016.

Statista. (2016). Statista. https://de.statista.com/statistik/daten/studie/647462/umfrage/vergleich-deutscher-fintechs-mit-klassischen-finanzdienstleistern-und-banken/. Zugegriffen: 25. Febr. 2017.

VersionOne. (2016). The 10th annual state of agile report. http://www.agile247.pl/wp-content/uploads/2016/04/VersionOne-10th-Annual-State-of-Agile-Report.pdf. Zugegriffen: 16. Nov. 2016.

Wirminghaus, N. (2016). Gründerszene. https://www.gruenderszene.de/allgemein/deutsche-bank-digitalfabrik-startup-kooperationen. Zugegriffen: 20. März 2018.

Printed in the United States
By Bookmasters